阿德勒教育心理学

健康人格与人际关系

〔日〕野田俊作 —— 著

黄少安 —— 译

U0314428

化学工业出版社

·北京·

RETTOKAN TO NINGENKANKEI by Shunsaku Noda

Copyright © 2017 Shunsaku Noda

All rights reserved.

Original Japanese edition published by SOGENSIA, INC., publisher

Simplified Chinese translation copyright © 2022 by Chemical Industry Press

This Simplified Chinese edition published by arrangement with SOGENSHA, INC., publisher,

Osaka, through HonnoKizuna, Inc., Tokyo, and Beijing Kareka Consultation Center

本书中文简体字版由株式会社创元社授权化学工业出版社独家出版发行。

本版本仅限在中国内地（大陆）销售，不得销往其他国家或地区。

未经许可，不得以任何方式复制或抄袭本书的任何部分，违者必究。

北京市版权局著作权合同登记号：01-2022-3756

图书在版编目（CIP）数据

健康人格与人际关系／（日）野田俊作著；黄少安译.

—北京：化学工业出版社，2022.9

（阿德勒教育心理学）

ISBN 978-7-122-41733-6

Ⅰ.①健… Ⅱ.①野…②黄… Ⅲ.①儿童教育－家庭

教育②儿童心理学 Ⅳ.①G782②B844.1

中国版本图书馆 CIP 数据核字（2022）第 106117 号

责任编辑：龙　婧
责任校对：边　涛
装帧设计：史利平

出版发行：化学工业出版社
　　　　　（北京市东城区青年湖南街13号　邮政编码100011）
印　　装：三河市航远印刷有限公司
880mm×1230mm　1/32　印张4¾　字数85千字
2023 年 3 月北京第 1 版第 1 次印刷

购书咨询：010-64518888
售后服务：010-64518899
网　　址：http://www.cip.com.cn
凡购买本书，如有缺损质量问题，本社销售中心负责调换。

定　　价：49.80元　　　　　　　版权所有　违者必究

自卑感与人际关系

这是一本很多观点在你乍一看时可能会觉得有些奇怪的书。

但仔细一想，我们选择阅读心理学相关书籍，不就是为了接触崭新的、与自己不同的观点来启发自己吗？如果在一本书里，我们对看到的所有观点都感到理所当然，那说明我们很可能并没有受到启发，因为书里所讲的，原本就是我们意识中所存在的。因此，偶尔感到观点不适应很正常。我们要做的是思考和辨别，作者究竟为何会这样说？这样说有没有正当的理由？我们是否应该接受？

在这篇序里，我就来讲一讲我的一些思考。

作者在本书中谈到了几组词的区别。比如"信赖"与"信用"，"尊敬"与"尊重"等。我看到这些词汇时，心想考验翻译功力的时候到了。因为这几个词在我们平时看来几乎没有什么太大的差别。那如何准确翻译出作者想要表达的差别？

关于"信赖"与"信用",作者给出了定义,简单来说"信赖"是无条件的相信,"信用"是有条件的相信。比如银行给你办理信用卡时要审核你的身份地位、收入状况等,并根据情况来决定是否为你办理以及开通多少额度,这叫信用。当你屡次不还款时,银行便不再相信你。而"信赖"是不管你做出什么事情,对方无条件地相信你。无条件的"信赖"很难做到,但作者强调了"信赖"的重要性。

前不久我刚看完一部韩国电视剧——《他人即地狱》,当中有一句台词让我感触很深:"当你相信一个人是好人的时候,他会变得比你以为的还要好。"

关于这点,我相信且认同。以我的亲身经历来举例。小学五年级时,我的写作水平在班上并不算好,全校作文大赛别说获得奖项,连班级选拔都选不上。六年级时,新调任的语文老师让我们坚持写日记并一周交给她看一次。有一周我实在是懒得写,到了交日记那天我就撒谎说日记本丢了。我已经记不清老师当时具体说了什么,但我印象深刻的是我感到了老师很相信我。而老师越是相信我,我内心那份对老师撒谎的愧疚就越深。从那以后,不知是为了弥补那次对老师撒谎的过错,还是出于感激老师对我的信赖,写作成了我的爱好。短短一年时间里,从五年级时作文大赛班内选拔落选,到六年级时代表班级参加全校作文大赛获得第一名,再代表学校参加市区小学生作文大赛获得一等奖,写作成了我的一技之长。

一个小学生作文比赛的奖项在现在看来或许并不算什么，但它是我自那以后很长一段时间里，鼓励自己保持优秀的精神力量。而这种给予了我人生关键性影响的精神力量，源自一位老师对我的一次无条件的信赖。

本书的另一大亮点是关于亲子教育。本书专门讲到了多子家庭中每一个孩子不同的特点。随着国家三胎政策开放，我们国家的许多家庭也将迎来第二个甚至第三个孩子。孩子多了就容易产生矛盾。如何"公平"对待每一个孩子，让每一个孩子都能快乐健康地长大，恐怕是每一位有着多个孩子的父母最关心的问题。而当代80后、90后这批刚刚成为父母的人很多本身就是独生子女，自己也没有过与兄弟姐妹相处的经历。第一个出生的孩子、第二个出生的孩子、第三个出生的孩子，从普遍性上来看各自有什么特点？父母对他们各自有什么需要特殊注意的地方？本书会给你一定的启发。

这本书讲到了不要在孩子中间制造出竞争的氛围。很多家长会认为，现代社会竞争这样激烈，要让自己的孩子从小懂得竞争。本书作者认为，培养合作意识比培养竞争意识更为重要。具体为何，书中自有答案。

最后借用本书中的一句话："从小被教育要有合作意识的孩子更坚强，更有生命力，也更懂生活。"愿我们和每一个孩子都能成为一个坚强有生命力的人，同时也是一个懂生活的人。

阿德勒的后半生，格外重视育儿和学校教育。在经历了第一次世界大战和俄国革命后，阿德勒认为如果继续这样下去，人类的未来将会是一片黑暗。同时，他认为无论怎样进行制度变革，只要人类的精神不改变，世界就绝不会变得光明。只有通过育儿与学校教育，培养具有社会共同体感觉的孩子，才能创造出真正光明的世界。因此，**阿德勒的视角，不是"如何培养符合父母期待的孩子"，而是"如何培养能够为人类带来光明未来的孩子"。**

近年来，越来越多关于阿德勒心理学的书被出版，其中大多数都是关于阿德勒心理学在日常生活及育儿方面的应用。但正如上述所言，我发现这其中有很多观点彻底忘却了从阿德勒本人的视角出发，而是去讲述"如何培养符合父母期待的孩子的方法""如何如己所愿控制他人的方法"等，完全曲解了阿德勒心理学。阿德勒想要教给大家的，是如何使自己具有社会共同体感觉，如何培养孩子具有社会共同体感觉，以及如何为全人类带来光明未来。

本书最初的原稿写于一九九一年，在之后的很长一段时间都处于绝版状态，此次得到了创元社的再次出版。原本"阿德勒教育心理学"系列的《给予勇气的方法》与《健康人格与人际关系》是一册书。为了方便读者阅读，将其分为了两册出版。这两本书基本详细地阐述了作为非专业的阿德勒心理学学者应该掌握的知识。在基本不改变文章主体内容的前提下，补充了必要的脚注。本书尽可能地用简明易懂的文体进行撰写，是一本无论是谁都能轻松学习阿德勒心理学实际应用的读物。

野田俊作

Contents

目 录

第 *1* 章

健康人格

何为精神健康的人

你们认为精神健康的人 ❶ 是怎样的呢？把你们能想到的答案都说出来。

"阳光开朗""积极向上""身体健康""敢做自己""不拘小节""能很好地平衡自己的喜怒哀乐""总是在做自己想做的事情""活力满满""情绪稳定"……

大概就这些吧？或许，还能再讲出来几个。

前面提到的这些里面，有我赞同的，也有我不赞同的。首先，"活力满满""积极向上""总是在做自己想做的事情"，对于这些我基本是赞同的。但是，"身体是否健康"不能成为判断人格是否健康的条件。

没有健康的身体，就没有健康的精神，这种说法是相当荒谬的。比如，患有身体残疾的儿童，或者当我们身体患病时，精神就一定不健康了吗？

---

❶ 阿德勒心理学有趣的地方之一，便是不要认为没有精神疾病就是精神健康，要更积极地去思考。

我认为，身体无论处于怎样的状态，我们都可以保持心灵的健康。

☺ 濒临死亡时仍能保持心理健康

说到这里，我想起了一个人。虽然我现在是一名精神科的医生，但我在大学毕业时，并没有马上成为精神科的医生。起初，我在内科进修了几年。我想到的那个人，便是我作为内科医生时，第一个由我送往"天国"的患者。

他当时 70 岁左右，是某个集团的领导者。他于那年 9 月来院，患的是白血病之一的骨髓癌。在他办理住院之后，作为他的主治医生，我立即去看望他。他问我："医生，我情况怎么样？"我回答他："就只是单纯的贫血，没什么大事儿。两三个月就可以出院了。""你就别骗我了，"他立马回应道，"我修行很长一段时间了，我能活下去还是会死掉，这点我还是知道的。"我接着说："才没有那回事儿，真的没事儿。"结果，我被大骂了一顿。他说："你这个年轻人就别说了！我能被你这种人骗到吗？"我一时无语，只能道歉："是的，实在不好意思。"然后对他实话实说："您患的是白血病，如果情况好，或许能活到过年。"

接着，他说道："我想活到十二月中旬左右，而且不能是昏睡的状态。如果那时我失去了意识，事情会变得很麻烦。"虽然当时我不知道他具体在指什么。

"十二月的时候，会有一件非常重要的事情。如果那个时候我没意识的话会很糟糕。医生，抱歉，请无论如何帮我把生命延续到那个时候。单单活着还不行，必须是能与人正常交流的状态。"他继续说。我也顾不上那么多，直言道："如果能够大量输血的话，应该能够让你的生命延续到那个时候吧。"因为他患的是白血病，血细胞会不断地坏死，所以需要一直输入新鲜血液。日本红十字会那里储存的血液不行，只能是新鲜血液。为此，他下了相当大的功夫才收集到了新鲜血液。

☺ 人类可以自己决定如何死去

于是，那位患者平安活到了那一天，最后于一月三日辞世。那天我在家休假，医院打来电话叫我过去，我赶到的时候他还有意识。他对我说的第一句话就是："医生呀，对不起。本来还想好好地度过一月，现在看已经不行了。我要现在就死去，点滴、吸氧机这些插在身上的乱七八糟的东西都给我撤了吧。"我不忍地回应道："这个拔了的话，你会立马就不行的。"他笑了笑："反正都是要死的，已经够了。这是我最后的请求了，你就答应了吧。"我只能回答他："那，就给你拔了。"然后把医疗器材全部撤走。

妻子帮他擦干净身子，换上了纯白的衣物。他说："让我坐起来吧。"因为他患上的是骨髓癌，所以骨头已经非常脆弱了。"现在坐起来的话，骨头会折断的。"我解释道。"马上都要死了，骨头断两三根就随它去吧。"于是，我们小心翼翼地让他坐起来，尽量不伤到骨头，我想他那时一定很痛吧。几个小时后，他停止了呼吸，从此长眠。

我想，这位老人直到死去的最后一个瞬间，他的精神都是健康的。他一直以来都在为了别人而活着，甚至在自己快要死的时候因为要叫来主治医生而感到抱歉。能够说出这种话的患者，大概只有他了。他当初想要活下去的理由，也是为了别人，而不是为了自己。并且直到自己即将死去的那个瞬间，他仍旧在靠自己的意志去决断、去选择自己该如何生、如何死。我想，这就是极为健康的人格。

多数的患者在死亡逼近时，会被恐惧心理击败，从而放弃自己做选择。然后，觉得自己是受害者，陷入完全的恐慌之中。但这位患者从未陷入恐慌，总是能够冷静地去思考自己应该如何度过所剩无多的余生，如何迎接自己生命的最后一刻。他这样想，也这样做到了。

当然，身体健康是再好不过的了。但无论人的身体处于何种状态，我认为他都能保持精神上的健康。

感情与精神健康的关系

　　另外一个方面的因素便是感情。我不认为能够自由表达自己的感情（喜怒哀乐等）是健康心理的表现。喜乐的情绪倒还好，问题在怒和哀的部分。像愤怒、悲伤、忧郁、不安等这类情绪如果过多的话，我想这会是一件很糟糕的事情。

　　这里并不是说让大家去压抑自己那些负面情绪。整天无忧无虑，生活中只充斥着快乐的情绪这当然是再好不过了。大家都会觉得这不大可能吧。其实这是可能的，而且很简单。

　　比如，先来看看愤怒的情绪。你会在什么情况下生气呢？孩子不听话的时候，或另一半晚归的时候，这些时候我们会生气。因为生气，所以会说一些难听的话，甚至破口大骂。哪怕想着以后不能脾气这么大了，但下次意识到的时候，自己又在发火了。你可能觉得自己性格就这样了，没法改了。其实不然。

　　所谓感情，基本上都是在操控他人时使用的❶，如同一些扔向对

----

　　❶ 愤怒、悲伤、恐惧等负面情绪，并不是像谜一样令人难以理解的现象。这些情绪的出现基本上是为了使眼下的状况符合自己的想法。这些情绪的目的，说白了就是让状况朝着有利于自己的方向发展。——阿德勒

方的小石子。当你发火的时候，另一半也好，孩子也好，都会乖乖听你的话了吧。一旦你认为当你轻声细语时对方是不会听话的，你就会认真酝酿你发火的情绪。

愤怒这种情绪，与支配对方有很深厚的联系。通常，想让他人按照自己意愿行动的人才会生气。所以，当你不再固执于他人必须按照你的意愿行动时，你也就不会再生气了。

总是想着让别人按照"我"的意愿来行事，这基本上算是不太健康的人格。如果一个人，一边主张着人都有选择自己生活方式的权利，一边又认为别人应该按照"我"的意愿来行事，这本身就是矛盾的。

感情中总有"目的"

给大家举一个具体的例子。丈夫晚归，妻子很生气，怒骂道："你大半夜才回来，到底在外面鬼混些什么？"然后丈夫道歉说："对不起……"从那之后，丈夫开始早些回家。这种情况下，妻子愤怒情绪的目的是什么？是在威胁丈夫早些回家。

希望丈夫早些回家，归根结底，还是希望丈夫能更爱自己一些。那么，妻子这种做法的结果会怎样呢？妻子总是生气，丈夫是会越来越爱自己的妻子，还是逐渐讨厌自己的妻子？恐怕只要晚归就会被骂的丈夫会越来越讨厌这样的妻子吧。

这样看来，这种愤怒的情绪，是不是有些用错地方了呢？或许丈夫是早些回家了，但并不是因为爱自己的妻子，只不过是怕妻子罢了。这种早回家，又有什么用呢？如果真的希望丈夫早些回家，可以大大方方地说："你能为了我早些回家吗？""你回来那么晚，我一个人在家很无聊的……"

😌 平息愤怒的方法

实际上，妻子很难说出上面的话。为什么说不出口？首先有一部分人可能是想不到，那么我教给你。当丈夫晚归时，不要生气，而是温柔地说："我想要你早点回家。我一个人待着实在是太孤单了，如果你能早点回家的话，我就太开心了。"可大部分的妻子听完后都会说："这我可说不出口，太没面子了。"

为什么会觉得没面子？

这是因为你们夫妻之间的关系基本上处于一种竞争的关系，是一种无论如何都要争一个输赢的关系。这种夫妻关系也可以说是不健康的。

前文也说到，基于竞争的关系，基本上也是一种没有信任感的关系，不是真正意义上的良好关系。因此，我会回答她们："不要再和丈夫较劲了。输了就输了，又怎样呢？输给自己的丈夫又没有半点损失。你究竟是想战胜丈夫，还是想丈夫爱你？你究竟选哪一个？"

"我……希望丈夫爱我。"

"那输给丈夫又有何妨呢？"

"你早些回来我就开心。一个人等你的时候可太煎熬了，所以一定要早些回来呀。"说出这样的话为什么就会觉得是自己输了，觉得没面子呢？

所谓夫妻关系，并不是一种上下级的关系，不需要通过任何威胁手段使对方服从于自己，客气地提出理性的要求也未尝不可。如果你听从了这一建议，你会不可思议地发现，自己完全不会生气了。愤怒这种东西在自己身上已经不存在了，让你生气你都没法生气。

我认为这样的心理状态才是健康的。因此，直率地表露自己的愤怒，尚可称之为不成熟的、孩子般的表现。总是感觉自己很愤怒，是因为你还处在一个争强好胜的竞争关系里。我们认为这是一种不健康的状态。

正如刚刚所说，一旦走进了相互协作、相互信赖的关系，愤怒、忧郁、不安等这些负面情绪就不会冒出来了。我们可以掌握很多办法让自己不再产生负面情绪。因为本身就不会再愤怒，所以也无须再讨论平息愤怒的办法了。

😊 人们总是用奇怪的方式使用感情

前阵子我收到了一份调查问卷，上面写着："你最近有生气吗？"我仔细想了想，现在好像基本上没生过气了。为什么？因为我已经完全掌握了阿德勒心理学，学会了不生气的生活方式。

忧郁、不安等这类情绪最好也不要有。之所以会忧郁，是因为老想着过去的不开心或失败而闷闷不乐。可事已至此，想也白想。之所以会不安，是老想着未知的事儿，比如"明天会不会下雨呀，要是下雨就糟了"。这样的事情，就算你想了，该发生的总会发生，不会发生的终究不会发生，所以还是不想为好。

我经常说，人啊，总是把感情用在奇奇怪怪的地方。当你要赶一场很急的会议，打算拦一辆出租车时，出租车全部呼啸而过没有停下。时间渐渐流逝，通常在这种情形下，人们会开始着急、不安、焦躁。但没办法，就算你焦躁，出租车也不会因此而停下。或许你一边伸着手拦车，一边想着"这条街上的人都好漂亮啊，还开什么会呀，和他们去交个朋友吧"会更好。

好不容易坐上了车，又开始着急车能不能开得再快一些。可你再着急司机也不能超速行驶，这时不妨看看车窗外的景色。如果因为会议迟到而不得不道歉的话，那就大大方方道歉就好，也不会有什么大问题。反倒是一直不安、一直愤怒，会让你开始腹痛、头痛等，心理问题往往也会影响身体的健康。

为什么让大家这样做？阿德勒心理学有意思的地方就在于它不考虑人做出某种行为的原因，绝对不去想究竟是何种原因导致了现在这种状况，而是去想这个人究竟出于何种目的才在做这件事。❶

不久前，有一位有趣的小朋友来找我咨询。按他母亲的说法，这个小朋友不愿意上学的"原因"是头痛，"结果"是不肯去学校。其实不是这样的，不想去学校才是"原因"，头痛只不过是"手段"

---

❶ 无论是健康的精神生活抑或病态的精神生活，最重要的，不是去问"因为什么（原因）"而是去问"为了什么（目的）"。——阿德勒

而已。

有可能孩子从一开始就不想去学校，这也能算是一个原因，其结果就是开始头痛。于是，只好去治疗头痛。等治好了头痛，可能身体某个地方又发麻了，等身体不麻了，下次胃又开始痛了。只要孩子还有不愿去学校这一终极目的，他就会用尽一切手段不去学校。

所以，如果不触及那个终极目的，是绝对无法解决问题的。但是，大家都只会去考虑这件事的原因。是不是头部有什么毛病呀？问了医生后，医生说："身体没任何问题呀！"又开始想是不是孩子在学校被欺负了呀？是不是老师跟孩子说了什么呀？

游戏——"可恶的他""可怜的我""我力所能及的事"

现在讲的与后文中"怎样做才能养成健康人格？"也有着密切关联。我经常被叫去参加一些讨论孩子不愿上学的问题的集会。在家长们组织的集会上，家长们会把责任全都归咎于学校，怪学校不好。在学校老师们组织的集会上，老师们会把责任全都归咎于家庭，怪家庭教育不好。偶尔有家长和学校共同组织的集会，这时就会怪政府政策不好。总而言之，这些思考方式都是在思考原因。一旦开始思索原因到底是什么，最后的结果就是总想说不关自己的事儿，责任不在自己身上。

比如有学生逃课，学校老师必须思考的不是"这到底是谁的责任"，而是"我能为此做些什么"。自己的孩子不肯去上学时也同样如此，家长该想的不是"这是谁的责任"，而是"作为父母我能做点什么"。

但就连这点很多父母都做不到，总想着把责任推到别人身上。于是家长开始找寻一个能够承担责任的人，希望学校老师、心理咨询师或者医生能够为自己的孩子做点什么。其实，家长们也有很多能做的事情，首先把自己的目光转移到这上面来。

我经常举办一些活动，和一些问题儿童的父母交流。每次我都会给父母们用纸板做一个三面锥形，这三面上分别写着"可怜的我""可恶的他"以及"我力所能及的事"。

这些问题儿童的父母说的基本上都是"可怜的我"。不是不可以说，而是我让他们在说的时候，一定要将纸板上"可怜的我"那一面展示给我。他们知道自己说的应该归属于哪一类就好。

接着他们会说"可恶的他"这一部分。那个"他"有时是学校老师，有时是自己的伴侣。这个也可以说，但同样我让他们说的时候要将纸板上"可恶的他"那一面展示给我。到这里，大家慢慢意识到，自己基本上没有说"我力所能及的事"。不经意间，90%的父母说的都是"可怜的我"和"可恶的他"。

如果总是这样的话，那结果就是什么都改变不了。我们必须思考的，是哪怕在当前的状况下，依然应该有我们力所能及的事情。

前面讲到的那位因为白血病去世的老爷爷，他做到了他力所能及的全部事情。一次都没有抱怨过"我有多可怜",也一次都没有抱怨过"别人有多可恶",一直都在以自己的方式去思考"自己还能做些什么"直到生命的最后时刻。我认为这才是一个人最健康的生存方式。

总是在找原因,渐渐地把孩子抛在脑后,把自己力所能及的事情也抛在脑后。我们应该思考明天不是吗?总是追究过去,总是去找周围社会的原因,这并不是件好事儿。因为这完全无法帮助我们解决问题。需要我们一直去思考的只有"我还能为这个孩子做点什么"。

健康人格的条件

那么，阿德勒心理学上定义的精神健康和健康人格又是怎样的呢？我们一起来总结一下。

悦纳自己

首先，精神健康的人总是"悦纳自己"。"悦纳自己"用更简单的话来说，就是自己对自己有很高的评价，喜欢自己。讨厌自己的人恐怕称不上是健康的人。

就算嘴上说着"那我试着喜欢上自己吧"，现实里也很难做到。人无完人，生而为人必定有着各种各样的缺点。大家通常会说："只要我还有这个缺点，我就很难喜欢上自己。"但我一直认为，所谓缺点，换一个场合它就能变成优点。

比如，有人会觉得自己"爱计较又胆小"，但从另一个角度来看，这其实也是"慎重"，说明你不会轻举妄动，这便是一个人的优点。或者有人会觉得自己"特别不懂得变通，非常死板"，但从反面来看，这说明你特别地认真，能把事情做得相当精准。又或者，有人会觉得自己"总是想太多，不善与人交际"，这从反面来看，就说明你很会揣测、体谅他人的心思，不会不管不顾地强行插入别人的聊天当中，说明你是个心思很细腻的人。

像这样，尽管是同一件事情，但如果能看到自己性格中好的一面，你就能学会接纳自己。如果对自己有了自信，理所当然就会喜欢上自己。

阿德勒心理学的创始人阿尔弗雷德·阿德勒❶总是这样说道：

"重要的不是你与生俱来的东西，而是如何利用这些与生俱来的东西。"

这句话用在性格上再好不过。**我们有着怎样的性格，其实并不是什么大问题。如何学会利用自己的性格，才是真正重要的事情。**

☺ 熟练使用名为"自己"的道具

打个比方，我们的心理、我们的身体都可以比作道具。网球拍、高尔夫球杆等这些运动器材，如果不满意可以重新买，而且每年都会出新款，我们也能够随时更换新的器材。但遗憾的是，我们的心灵、我们的身体这一道具是无法更换的。这一道具或许还有些小毛病，尽管如此，我们也只能使用这些带着缺陷的道具。

---

❶ 阿尔弗雷德·阿德勒（Alfred Adler，生于1870年2月7日，逝于1937年5月28日），奥地利精神病学家。曾追随弗洛伊德探讨神经症问题，后与弗洛伊德决裂，创立了阿德勒个体心理学。著有《自卑与超越》《人性的研究》《个体心理学的理论与实践》《自卑与生活》等。

想要充分利用好这些道具，我们就绝不能对自己所拥有的道具心怀不满。首先你要爱上它，包括它的小毛病和缺点。

因此健康人格的首要条件就是"悦纳自己"，接纳自己的全部。

相信世界

如果认为只要"悦纳自己"就万事大吉了,这种想法反倒会让人变得以自我为中心,很大程度上会使人陷入利己主义。因此,如何处理与他人的关系也极为重要。

那么在与他人的相处中,哪些方面尤为重要呢?那便是相信他人、相信自己,也相信外部世界的一切。

如同讨厌自己的人无法保持健康状态一样,陷入对他人的不信任感中的人也绝对称不上健康。这类人容易陷入被害妄想,总觉得"大家都把我当傻子""总有刁民想害朕"等,这样的状态注定无法过上健康的生活。

当然,其他人身上肯定有各种各样的问题。但就算如此,我们也必须学会和这些有着问题的人合作共事,这是每一个人想要生存下去必须面对的问题。所谓合作共事,换句话说就是信赖对方,不进行不必要的竞争。

当今社会是竞争社会。在这样的社会中,我们总是与他人竞争,不断接受着强化自我立场的训练,我们的生活就是与对手争个你死我活。但阿德勒心理学认为这正是我们出现不健康状态的重大原因之一。我们应当努力摆脱竞争的人际关系,进入寻求合作的全新人际关系，只有这样，我们才能够迎来健康的生活方式。

日本人很热衷于将自己和他人进行比较，总会想着"和那人比起来，我还差了点""和那人比起来，我还是比他强的"……我认为这也是竞争的一种，这正是对他人不信任以及没自信的表现。

悦纳自己、信赖他人的人，不会将自己与他人做不必要的比较，悦纳自己和信赖他人同样是健康人格的重要条件。

这时你会发现这个由他人——我们信赖的他人构筑的世界是安全的。这里不再是战场，没有胜负，没有你死我活，没有弱肉强食，而是一个大家齐心协力实现共同理想的美好王国。

作为集体中的一员，我们能够感受到在这个世界上有我们最好的容身之所，能够去相信大家不会伤害我，而会帮助我。这些也是构成健康人格的重要条件。

☺ "信赖"与"信用"的区别

一个人值得信赖和一个人有信用是不同的。所谓信用，举个例子，是当你去银行时，如果你有信用，银行就会把钱借给你。因为你有确切的证据证明你能够还钱，银行依此认为你有信用。但信赖不是，信赖是尽管没有依据，我却依然相信你。

曾经有个问题少女来我这里咨询，把我的钱包带回去了。她母亲打来电话说："老师呀，您的钱包在我家。"因为钱包里放了很多卡，卡上有名字。她母亲说要给我送过来，我问她："您送完以后，回家打算怎么办？"她说道："骂她呀，这样的事情她已经做好几次了。"我接着说："您骂她又有什么用呢？还不是照样做好几次了。没什么效果吧。这回咱们做个实验，您能装作不知道吗？"然后这位母亲就对此事装作一副全然不知的样子。

于是，这个孩子开始心烦意乱，偶尔夜不归宿，也不跟她母亲说一声。没过多久，那个孩子给我打来电话："老师，那个钱包不是我偷的。我回到家的时候它就在我包里了。一定是其他人为了戏弄我才放进来的。"其实我记得钱包里当时是有两万多日元的，但钱包被还回来的时候里面空空如也。她继续说道："老师，钱包里原本就没有钱吧。"我顺着她的话说："嗯，好像是的。打从一开始我就没认为是你偷的，所以你妈妈给我送回来之后就没事儿了。"

那之后的一个月她都没有再来过。一个多月后，她又开始来找我咨询了，一副仿佛什么事情都没发生过的样子。又过了一段时间，我突然发现我的钱包里多了两万多日元。

有时候，被孩子"蒙在鼓里"并不是一件坏事。被丈夫、被妻子"蒙在鼓里"都不是一件坏事。因为当我们被"彻底蒙在鼓里"时，他们就无法再欺瞒我们了。

☺ 商务场合，信赖第一

接下来要讲述的是一位年轻公司职员的故事，他所在的公司正做着一个面向海外的大型项目。

这个项目由他策划立项，当他把策划案拿给科长时，科长立马否决道："这么危险的项目，我没法同意。"他着急解释道："这个项目特别特别重要，请您务必让我去做。""那你自己去找部长直接说吧。"他本想着这次恐怕真的不行了，试着把策划案拿给部长一看，部长甚至没有细读，"啪嗒"一声就盖了章。"您不需要听我说明一下吗？"他小心翼翼地问部长。部长回答道："不需要。你来做的话，应该没问题吧。这个项目就拜托你了，你好好做。"这下子反倒让他为难了。如果是因为听了自己的详细说明，被自己说服了再同意的，那万一失败了自己也好为自己开脱说"当时您也听过我的分析才同意的"，但对方只是说："如果是你的话，一定能做到吧，你就按你的想法放手去做吧。"反倒会让人感到有压力。

☺ 给他人发放支票

我们不妨看看我们对自己的孩子、配偶、家人以及朋友到底可以信赖到什么程度，我们是否能够为他们开具空白支票。因为空白支票可以随意填写金额，当我们将支票给到他们手上时，我们是否能够说出："我知道你不会用这个钱做坏事的，你就把它用在你认为最需要的地方吧！"

一些父母和老师经常会对孩子说："我为你做了那么多，你就这样辜负我对你的信赖。"能被辜负的信赖，其实不是信赖。能被辜负的是信用，是一种交易。这句话仿佛是在说"只在你表现不错的时候，我才喜欢你"，这跟附带条件的爱情，不能称之为爱情一样。

有一位丈夫和妻子吵架后说着要离婚，随后回到了父母老家。近些年，男性似乎变得弱势起来，夫妻吵架后嚷着要回老家的反倒是男性更多。他以为父亲会责骂他，没想到父亲既没问他发生了什么，也没劝说他和妻子和好，只是说："因为你是我儿子，不管发生什么，我都只能站在你这一边。"或许你会认为这理所当然、无可厚非，但这才是真正的信赖。父母应当信赖自己的孩子。孩子肯定也以他的方式拼命努力过了，走投无路才会闹到离婚的地步。这时父母需要有不插手的勇气。一旦父母觉得这件事情孩子们自己解决不了，而出手帮孩子们一把，反倒会越帮越忙，让事情变得更加错综复杂。所谓信赖，就是这样。

拥有归属感十分重要

养成健康人格的另一个重要条件大概是"归属感"。这个世界是我的世界，我是这个世界的一员，在这个世界里……如果觉得"这个世界"太过宽泛，那么可以看自己在家庭中、职场上是否有一席之地，是否有自己存在的价值。这种自我价值的肯定就是归属感。对于一个人来说，拥有这样的归属感很重要。

我们作为人类最基本的本能是什么？阿德勒心理学的学者们曾就此做过激烈的探讨。通常来说，大家普遍认为"求生欲"，即想要活下去的本能，是人类最为根本的本能。但事实好像并非如此。

我认为，人类最根本的本能或许就是找到归属感。对于一个人来说，能够感到自己属于这个世界，是大家的伙伴，或许就是他最根本的本能。当一个人找不到归属感时，甚至能断送自己的性命。这就是比起求生欲、比起想要活下去的欲望，人们对归属感的追求更为强烈的证据。

对于我们来说，找到归属感，感到自己属于这个世界，是极为根本又重要的事情。因此，能够感受到自己归属于这个安全的、美好的世界，是保障我们精神健康的关键所在。

☺ 拥有贡献感

那么，是不是被动地归属于这个世界、在大家不断的帮助下能够生存下去就可以了呢？并不是，我们还必须对他人回报以援助。在我们受到他人帮助的同时，我们也需要感受到自己有在帮助他人。能够感受到自己是有用的，是对他人有帮助的，这就是所谓的拥有"贡献感"。

就算身边都是好人，但如果一个人觉得自己一无是处，那么也会变得不幸。一个人想要感到幸福、人格健康，就必须能够感受到自己是对他人有益处的，即便现在没有帮到他人，但仍能感到自己有帮助他人的能力。

将拥有贡献感作为人格健康的条件，虽然不是阿德勒心理学专属的观点，但仍是阿德勒心理学的一大特征。将"悦纳自己""信赖感""归属感"作为人格健康的特征的心理学者有很多，但将"贡献感"作为条件的心理学者，阿德勒是最具代表性的。

所谓"贡献感"就是希望自己身边发生的事情总具有建设性意义。阿德勒的弟子鲁道夫·德雷克斯（Rudolf Dreikurs）曾说过："当一件事情发生时，人格健康的人会首先想这件事情会对大家造成怎样的影响，而人格不健康的人则会首先想这件事情会对自己造成怎样的影响。"

当一种状况出现时，要首先想到大家都处在这一状况之中，这一状况对于大家来说是好是坏，自己在这一状况中能够发挥怎样的作用。这也是心理健康的一大条件。

☺ 缺乏贡献感的人将陷入深渊

我曾在一位有酒精依赖症的大叔身上体会到了何为贡献感，虽然他已经因为肝硬化而离世。他是家里的独生子，乡下有家里留下来的山。山有五十几座，他什么都不用做就能养活自己。每年砍伐一座山上的树，第五十年砍到第五十座山的时候，第一年砍的那座山早已恢复原貌。因为五十年的时间，足以让杉树长得高大成材。所以据说他年年都能得到一笔巨大收入。

父亲去世后，他继承了家业。当他作为老板第一天去上班时，工头们对他说："小老板呀，我们世世代代都在这里干，你就不用管我们了。我们会好好干，钱也都会如数上交。你就放心把公司交给我们经营，然后去做你想做的事情吧。"

他是这家公司的第三代传人，从小也比较养尊处优，于是他听从工头的建议游手好闲起来。他去做了很多想做的事情，但逐渐对多数事情失去了兴趣，最早厌倦的就是赌博。因为完全没有天赋，没多久就放弃了赌博。接着开始去酒吧喝酒，但去多了，也就渐渐没了感觉。

但爱喝酒这个习惯却一直没能割舍掉，因为酒不会背叛他。之后他结了婚生了孩子，尽管如此也没能戒掉酒。但就算他喝得昏天暗地，也没给任何人添麻烦。终于，肝脏有些吃不消了，快四十岁的时候，他因为肝硬化住进了医院。尽管如此，他还是会偷跑出医院去喝酒。内科医生没办法了，来找我咨询，想让我去说服他。我这才得知了他的故事。他是个可怜人呐。他毕业于一所好大学，有男子汉气概，有担当，对自己的能力有自信，也并不讨厌自己。他从没觉得是工人们背叛了他抢走了公司，因为这家公司也是家老字号，如果发生这样的事情，肯定也会被客户们瞧不起，从而不再和公司做生意最终导致公司破产。所以，工人们一定也是用心帮他经营着公司。妻子也从没想过背叛他。所以，他始终信赖着他人。

但是，他逐渐觉得自己很没用，总是不禁想："我只不过是这个世界上一个可有可无的人。"只有在喝醉酒的时候才不会去想这些问题。不喝酒的时候，他就会思考："我到底为了什么而活着？"这类酒精依赖症很难治好，或者说已经来不及了吧。

"再这样喝下去，你会死的。"我跟他说。

"死了就死了吧！反正也买了保险，公司儿子也会继承。一切都无所谓了。"

"你的妻子会难过的吧。"

"我现在也没能为她做什么呀……"

😊 切勿剥夺孩子的贡献感

这正是现在的孩子们经常面临的不幸。他们没有感受到自己是这个家中不可或缺的存在。有时候是因为家务活变少了，孩子们可以分担的家务活也没有了。

在我小的时候，家里会给孩子们分配家务。我经常做的就是劈柴或打扫庭院，每当我劈好柴时，母亲都会夸我说："不愧是男孩子呀，我就劈不动……"我听到了就会很开心，于是下次继续努力劈柴。

我的一位男性朋友，特别擅长烹饪，他的厨艺绝对不输于多数家庭主妇。他为什么会擅长做饭？是他母亲教会他的。那么是如何教的？当时他还在念小学，每次母亲快要做好一道菜时，都会让他尝一尝，并问他："你来尝尝这道菜味道怎么样？你比我更懂美食呀。不能只说好吃还是不好吃，你得告诉我哪里不足，我该再加点什么。"

被母亲这样问道，他就必须得说点什么，于是说："可能要再稍微加一点酱油？"或许有时候说得并不对，但母亲依旧会照做，然后对他说："果然听了你的建议，这道菜更好吃了呀。"

他误以为是自己味觉很敏锐，开始自告奋勇地帮母亲做饭。有一次母亲煎鱼时他想要搭把手，母亲说："你要煎鱼吗？你煎的比我煎的要好呀。"于是下一次他便开始自己一个人煎鱼。小学四年级的时候，他已经穿着围裙完全掌勺了。每天放学后，他会先拿着布袋去市场买食材，再回家做当天的晚餐。

他父母都要上班，所以我想这只不过是他父母的一个小战术。尽管如此，这种对孩子的褒奖仍不失为一种好的教育方式。也正因为如此，他从小就获得了极大的贡献感。这让他不仅仅变得擅长烹饪，还让他带着"我在这个家中很有用"的贡献感长大。

不要小瞧了这一点。无论是培养孩子还是培养公司下属，都要不断创造机会让他感受到："真的不能没有你，多亏了你在，这件事儿才能办得这么好。"这也是培养健康人格的重要条件之一。

换句话说，不能什么事情都由父母帮着完成。我们家所有孩子在上小学的前一天，都会收到一个闹钟作为礼物。然后我们会告诉他："虽然幼儿园的孩子没法自己起床，可小学生是可以自己起床的。好了，从今天起，你也要自己起床了哟！"

然后哥哥就会对妹妹说："虽然你总是要妈妈叫你才会起床，可我自己就可以起床哟！"所以，我们家孩子特别擅长早起。有些我不得不早起的时候，还会拜托孩子们叫我起床："不好意思，孩子们，明早你们叫我起床吧。"于是第二天他们会一边喊着"爸爸你真是没用呢",一边叫我起床。这样他们也能感受到贡献感。

如果父母总是展现出一副无所不能的样子,孩子就会变得一无是处。如果父母做饭比孩子强,缝纫比孩子强,父母样样都做得好,孩子什么都做不好,这样的设定有些危险。在某些方面孩子做得更好,有时父母甚至需要孩子的帮助,这样的设定才更有利于孩子的成长。职场里,上司处理和下属的关系时同样如此。

保持诚实

神经症或精神性疾病究竟有怎样的病症？表现之一便是对自己或他人撒谎。这种撒谎是无意识的，而非有意识的。

阿德勒心理学认为无意识地欺骗自己或他人，便是精神疾病的表现。因此，正直地面对自己和他人，保持诚实，任何时候都能冷静、坦诚地处理问题，这种状态也是心理健康的条件之一。

拥有共同体感觉

　　这里我们将上述所有条件统称为"共同体感觉"。"共同体"这个术语或许有些读者还不太习惯。如果换成"社会"或者"团体"这样的说法，应该就常有耳闻了。那么"共同体"究竟指的是什么呢？

　　在本书中，它指的就是自己所属的团体，比如家庭、学校、职场，往大了说，也指社会、国家，再往更大说亦是指人类等。自己所属的团体，都可以叫作"共同体"。

　　自己存在于某个共同体之中，是共同体的一员，共同体养育着自己，自己也反哺着共同体。这种感受便称为"共同体感觉"。

Q&A

——关于悦纳自己，一旦认为现在的自己就很好，人是不是就会停止成长、不再进步了？

所谓喜欢自己、接纳自己，是承认自己的全部，知道自己不完美的地方。尽管知道自己不完美，却不过分责备自己。我认为这才是对悦纳自己最好的理解。

不能悦纳自己的人，通常有着很高的、不现实的目标，比如"让所有人都喜欢自己""绝不允许自己失败""在任何方面都比别人要优秀"等诸如此类不可能实现的、不合理的"崇高"理想。对于不能实现这些理想的自己感到厌恶，并苛责自己："我真是个废物，我活着一点价值都没有。"这种想法太愚蠢了。所以要悦纳自己首先要制订可以实现的目标。比如：和现在比有进步、学习更多的知识、人格上有所成长……我认为这些目标是很好的，即使未能实现也不必苛责自己。

——一些所谓社会观念和常识不算在健康人格里面吗？

具有普遍社会观念和常识这件事，其实是一把双刃剑。问题难就难在：对于自己所处社会中的普遍观念，自己到底是与其保持一致为好，还是勇敢说"不"为好？关于这个问题的回答，阿德勒和他的后继者们曾说过，如果你对这一问题感到疑惑，不妨以最崇高的尺度——共同体的角度再思考一番。

总的来说，人类，不仅仅指现代人类，也包括过去的、未来的人类，只要人类会存续，就可以站在人类的立场去思考利害关系：如果我这样做会怎样，我现在应该怎样做……这样去思考，应该就能寻到正确的行为方向。

这叫作"common sense"，通常翻译过来是"常识、良知"。这里我故意将其翻译成大家并不耳熟的"普通感受"，基于这种"普通感受"采取行动十分重要。关于普遍社会观念和所谓常识，不能随随便便地认为那就是好的。

阿德勒心理学认为的人格

健康人格	不健康人格
较高的自我评价 　喜欢自己 　知道自己的长处 　有自信	较低的自我评价 　讨厌自己 　总是对自己的短处耿耿于怀 　总是很在意他人对自己的评价
对世界的基本信赖 　信赖他人 　总是想着与他人合作 　不将自己和他人进行不必要的比较	对世界的不信任感 　总是不相信他人 　总是想着与他人竞争 　总是将自己和他人进行比较
对集体的归属感 　能够感到自己是集体的一员 　能够感到自己和他人是对等的 　对他人感兴趣的事情也同样关心	对集体的疏离感 　感到只有自己被排挤在外 　感到只有自己是特别的例外 　对他人感兴趣的事情漠不关心
责任感 　对自己的行为负责 　承认他人有和自己平等的权利 　能够包容他人的意见和行为	无责任感 　将自己行为的责任推脱给他人 　主张自己的权利 　将自己的想法强加给他人
贡献感 　希望事情朝积极的方向发展 　状况需要时就会去处理问题 　希望自己能帮到他人	利己主义 　哪怕对整体造成破坏也要满足自己的要求 　只在自己有需要时才去处理问题 　总是占他人的小便宜

健康人格	不健康人格
勇气 　接纳自己的不完美 　总是鼓舞他人 　认真努力，不杞人忧天	胆小 　虚张声势 　总是打击别人 　虽然会深刻思考并烦恼，但并不实干
诚实 　对自己、对他人都很坦诚 　对自己的失败负责 　能够冷静地着手解决问题	欺瞒 　欺骗自己也欺骗他人 　失败后总是找借口 　特别容易情绪化然后陷入恐慌

养成健康人格的方法

接下来，我们谈一谈养成健康人格的几大秘诀。第一个秘诀便是不断思考"我能做到的事情有什么"。当我们总是想着改变他人时，他人往往不会按我们所想的去改变，而当我们想着改变自己时，自己则会真的改变。这个世界上我们能改变的人，只有自己。

在日本有个小寓言故事。曾经有一个修行僧，在他四十岁生日时，他立下誓言："从今往后，不管刮风下雨我都会去瀑布下打坐修行。神明佛祖啊，请务必让世间人类都成为充满信心的善人。"十年过去了，他坚持修行了十年，可世间人类没有发生任何变化。在他五十岁生日时，他又一次立下誓言："神明佛祖啊，如果我的力量不足以救赎世界全部人类的话，请务必救赎我的亲戚朋友和认识的人吧。"此后他又修行了十年，可结果还是一成不变。六十岁生日时，他说："如果我的能力连亲戚熟人也救赎不了的话，那请神明佛祖只帮我救赎我的亲兄弟和家人们吧。"结果照旧。当他七十岁生日时，他说："那至少救赎我自己吧。"此时云端突然传出神明的声音："你为什么最开始不这么说呢？"

任何时候我们都来得及改变自己，却无法改变他人。如果总想着改变别人，而自己一点儿也不改变，最后的结果只会是竹篮打水一场空。

☺ 尝试各种不同的办法

"你今晚早点回家呀！""你先好好学习了再去玩儿！"这样的话无论对丈夫、孩子说多少次都没用。经常有人跟我说："我真是嘴皮都说破了，那人还是老样子，老毛病一点儿没改。"我问她："你嘴皮都说破了他也没改，你今后继续这样说下去，你觉得他会改吗？"

其实大家都弄错了，有些时候，不是你嘴皮都说破了他也不改，不是你都严厉批评了他也不改，而是"正是因为你老喋喋不休地说他才不改""正是因为你严厉批评了他才不改"。换句话说，他做出那些令你不满的行为，其目的正是为了让你嘴皮都说破、让你去骂他，以此来保持两人的关系。

如果至今为止这个办法都没奏效，那就放弃这个办法，这是最为简单的，去做一些不一样的事情。如果希望丈夫早些回家就不要在丈夫晚归时发火了，相反，去做一些尝试，看看怎么做效果更好。比如自己早早上床睡觉，丈夫或许就知道该早回家了，比如丈夫晚归时热情地迎上去说："回来啦，今天也辛苦了！"丈夫或许会开始早些回家，如果丈夫回家时妻子总是把气氛搞得一团糟，丈夫或许只会越来越晚回家。

一定要实际行动，而不能空想，因为我们的脑子有时候不那么可靠。我是理科生，学的是自然科学，所以知道多次实验这种方法行之有效。当我们想着"大概就是这样吧"的时候，不妨做实验尝试一下。然后你会发现，基本上实验结果和你脑海中预想的都不一样。人类的大脑其实没那么聪明，有些事你不试一下，永远不知道结果，实验之后才恍然大悟。

一旦你对"骂了他就会改"深信不疑，哪怕你骂了他没改你也会选择视而不见。如果你能虚心地去看一看现实，就会知道该怎样做了。

这个世界上有一种"老好人"，就是那种特别热情的人，总是喜欢照顾别人，然后自己特别开心。有时候我会跟这些人说："我很清楚地知道你们是在为他人做好事，但也请你们观察看看他人的表情吧。"他们从来没有关注过对方的反应，只一心想着自己是在做好事，哪怕有时候别人面露难色，他们也注意不到。这些人在对他人的表情进行为期一周的观察后，深受震撼和打击。

人类就是这样，当执念过深时，就对现实视而不见。大家都有一种执念，认为我骂了他就会改，我耐心说教他就会听。因为这种执念太深，所以才无视了结果。因此，我们必须摆脱这种执念。只有自己的想法改变了，自己才能拥有健康的人格，从而让周围的人也受到正面的影响。

烦恼只不过是为自己开脱

和幸福的人一起生活，很难变得不幸。但一副愁眉苦脸的样子却让人看起来显得聪明。你知道吗？看起来不幸，可以收获很多好处。

比如，假设我家孩子是个调皮捣蛋的孩子。这时我每天还是一脸幸福地生活，那周围的人一定会说："老师，那边在欺负别家小孩的，正是您家的孩子呢。您还真是笑得出来呀。就是因为您这样，才教出了这种孩子。"但如果你是一脸烦忧、不幸的样子，时不时消沉地叹着气，大家则会说："老师您都这么操心了，您家孩子还那样，真是不听话啊。"你看，责任全跑到孩子身上了。

因为自己家孩子是淘气的孩子就一脸愁容的父母，只不过是利己主义罢了。只要别人不责怪自己，孩子被怎样看待都无关紧要。或许你想要否认，但从最终的结果来看，事实就是如此。

想要拯救孩子，就不要再为了孩子的事情烦恼。只要自己还在烦恼，就证明你把别人对自己的评价看得比孩子还重要。如果不是这样，你根本不会烦恼，这就是烦恼的目的，也是前面我曾提到过的"可怜的是我，可恶的是他"。总而言之，就是要向外界展示孩子淘气责任不在我。有些难以置信吧？但当你试着不再烦恼后，你就能理解这一部分的内容了。

☺ 让不愿上学的孩子去学校的方法

孩子不愿上学，作为家长该怎么办呢？其实这个问题的解决方法非常简单。假设孩子在家里二楼烦恼着不愿上学，而楼下的父母在互相责骂，妻子说："都怪你不顾家，孩子才变这样的！"丈夫回骂道："你还好意思说？难道不是你的教育方式有问题吗？总是那么惯着他！"这时二楼的孩子听到后有何感想？会不自觉地感到开心。因为此时此刻我是主角，父母在为了"我"的事情如此认真地争论着。

如果父母换一种对策，比如孩子爸对孩子妈说："这次立春了，咱俩去哪儿旅游吧。去泡温泉怎么样？""好呀，正好孩子不去上学，让他留在家里看家。""还能让他照看弟弟妹妹。啊，我们俩已经很久没有出去旅行啦。""嗯，好期待呀。"

如果孩子听到父母这样说，又会有什么感想呢？"为什么他们都计划着去旅行了，我还在家里烦恼这烦恼那的？我要去上学！"也就是说，父母为孩子烦恼，就明确了孩子在家中的地位，孩子会觉得自己在家里非常受重视。而父母如果积极地利用现状，去思考"我能做什么"，孩子就会觉得自己的做法不妥，于是会萌生去上学的想法。

烦恼这件事，从来都是犯傻的结果，且是一种不负责任的行为。所谓烦恼，只不过是为了保住自己的颜面，人从不会因为要帮助别人而烦恼。

放下烦恼，让自己变得幸福起来。自己不幸福的人不可能拥有让别人幸福的能力。

☺ 首先让自己变得幸福

有时候，一些传教的人会上我家敲门，问我"您对神感兴趣吗？"一看那些人的脸，大抵上都是一副不幸福的样子。如果心中有信仰都是这副样子，那可真是没救了。听他们说话时，仿佛觉得他们的不幸都会传染给我，因此我通常都拒绝了。带着满脸的不幸福去贩卖幸福只能是徒劳。

如果希望自己的孩子幸福，希望自己的配偶幸福，首先要做的是暂且放下他们，去思考如何先让自己变得幸福。

亲鸾❶圣人总是说："我从来没有为了父母而念佛。只是一心为了自己。"这句话的意思是，只要我一天没有脱胎换骨，我就无法救赎我的父母。的确，如果自己不幸福，那么孩子也好、配偶也好，我们谁都拯救不了，反而只会向他们散播不幸的毒气。

---

❶ 亲鸾，生于日本京都，日本佛教净土真宗初祖，幼时就有"人世无常"的想法。

☺ 分清理想与现实的区别

培养健康人格的关键，还有一点便是任何时候都要分清理想与现实的区别。理想是不存在于现实中的，它只存在于我们的脑海。现实中存在的，只有眼前调皮捣蛋的孩子和吊儿郎当的丈夫。如何与眼前之人相处，才是解决问题的关键所在。

重要的不是孩子怎么样、丈夫怎么样，而是如何与已经成这样的孩子、丈夫相处。当大家对现在的孩子、丈夫不满意时都想过要换货吧？什么理想的丈夫、理想的妻子，还是趁早忘了吧，因为这也是一种精神出轨。精神出轨理想中的丈夫时，是无法与现实中的丈夫恩爱相处的。

你要知道，所谓理想不过是自己的幻想罢了。更不能以其为标准，给现实中的身边人做减法。因为那不过是你虚无的幻想，是一出快乐的狂想曲。因为对方绝不可能是理想的丈夫、妻子和孩子。你想想看，连你自己也不是理想的妻子、理想的丈夫、理想的父母呀。人哪，有时候还真是挺厚脸皮的，希望别人完美，却对自己的不完美视而不见。

有时会有患上对人恐惧症的孩子来找我咨询。他们总觉得自己被其他人讨厌，被其他人用异样的眼光看待。于是我问道："是所有人都用奇怪的眼光看你吗？""那倒也不是。""那你在学校的时候，班上大概有几个人会用奇怪的眼光看你？""两三个吧，眼神特别奇怪。""那其他人呢？""其他人就还好。""也就是说，你之所以烦恼是因为你希望所有人都喜欢你，是吗？""是吧。"我最后问道："那你能喜欢全部的人吗？""那不行，当然总会有讨厌的人。"明明自己都无法做到喜欢所有人，却希望所有人都喜欢自己。

因为自己并不完美，所以不去要求对方完美，这才公平。两个不完美的人应该如何相处，才是我们人类的重要课题。

第 **2** 章

人格的形成

性格是如何养成的

〰〰〰〰

性格，或者说人格，阿德勒心理学将其正式名称定为"Style of Life（生活风格）"，在本书中也将尽可能地沿用这一叫法。

为什么不直接说"性格"或者"人格"，而要用大家并不熟悉的"Style of Life（生活风格）"一词呢？这其中当然有它的理由。

首先，"Life"一词，在英文中大致有三层含义。

第一层是"生命"。比如 Life Science 则指的是生命科学。

第二层是"人生"。比如 Human Life 则指的是人的一生。

第三层则是每日的"生活"。如 Daily Life，指的就是日常生活中的"生活"。

由此可见，"Life"一词包含了"生命""人生"以及"生活"三层意思，内涵更丰富。因此当我们说起"Style of Life（生活风格）"一词时，能同时思考这三个层面的含义。

😊 性格可以改变

接下来要讲一讲"Style"这个词。教科书上通常将其翻译为

"方式""样式"。追溯其语源，比如在"Article Style（文章风格）"中，它表达的是某种事物区别于其他同类事物的独特的、特殊的部分。比如"谷崎润一郎（日本作家）的风格""三岛由纪夫（日本作家）的风格"等就是这种用法，指的是每个人有其独特的文风。

阿德勒认为，人这一生，从出生的那一刻起就开始用自己的行动、用自己的生活去撰写关于自己的那本自传，在生命走到尽头时，这本自传也随之完结。日常生活中的所有行为、思想就是这本自传它原原本本的内容。所以阿德勒才将这自传的文风说成"Style of Life（生活风格）"，这是我们使用"生活风格"一词的理由之一。

而性格、人格这些词，多多少少包含了一些与生俱来的，或者说哪怕不是与生俱来，也是在儿时完全形成后很难改掉的意思在里面，这是另一个理由。

我经常会遇到咨询者问"性格可以改吗？"也许你也经常听到有人说："他性格就这样，没办法。"

都说"本性难移"，其实不然。阿德勒心理学认为，人的性格没有那么难以改变。确实，它有其稳定性，通常情况下不会轻易发生改变，但只要有计划地接受治疗或者说心理咨询，你会意外地发现性格的改变其实很容易。

所以这里说的是"生活风格"，因为是风格，所以可以更换，就像换件衣服一样。

这里拿裙子做一个比喻，当长裙十分流行的时候，穿迷你短裙出门需要极大的勇气。但回过头来仔细想想，那又怎么样呢？生活风格（性格）难以改变，也不过如此。只要自己下定决心，性格就可以改变。它不过是一种形式上的东西，一种附着于外在的东西罢了。

生活风格由自己决定

那么生活风格，也就是我们常说的性格，到底是如何养成的？究竟是谁造就了我们的性格呢？阿德勒心理学认为，决定生活风格的因素，是一个孩子自身的决断。

具体来说，小孩出生时对这个世界一无所知，因此他们不断试错，漫无目的地经历着各种各样的事情。偶尔事情发展顺利，孩子就会相信"啊，原来这种情况这样处理就好了"。偶然不顺利时，孩子就会认为"啊，原来这种情况下这样做是行不通的"。同样的体验多次反复，孩子的这种信念就会愈发强烈。这种久而久之形成的信念，就成了他的生活风格。

在这一过程中，判断这样做好或不好并相信这就是真理的正是孩子本人。因此，一个人的生活风格可以说正是由他自己决定的。

一个人的生活风格，或许在他出生的瞬间就已开始形成，又或者当他还在母亲肚子里时就开始养成。但是关于到底从何时开始形成至今仍是谜题，因为我们没法向孩子取证。刚出生的新生儿既不会接受大人们的测试，也不会回答大人们的提问，很遗憾，我们无法对新生儿做一个生活风格的判断。因此我们也很难推测一个新生儿的性格。

很多派别的心理学都在讨论 0 岁、1 岁孩子的性格养成。那不过是毫无证据的空想，是一种基于想象的思辨。当然，这并不是说这一时期的孩子没有形成性格，我想是有的。只不过关于这一点我们没有拿到任何证据，所以暂且不谈为好。

🙂 生活风格的养成到十岁左右停止

能够有确切证据证明一个人的生活风格开始形成是在他大约三岁时，也就是孩子掌握了语言能力，可以开始说话的时间点。从此，他的生活风格逐渐养成。

但并不是人的一生一直都在养成生活风格。生活风格的养成会在某一时间点停下来。从以往的经验来看，大概在十岁时孩子的生活风格会基本上固定下来，然后一生延续下去。

有人会问，为什么生活风格的养成会停止。是因为大脑停止发育了吗？相较于生活风格停止养成的时间，大脑停止发育的时间会更晚一些。从解剖学的角度来看，人的大脑会发育至十八岁左右。此时，人的脑波会基本上呈现成年人的脑波。

因此，生活风格养成的停止并不是因为大脑发育的停止。大家回想一下，当大家上中学时，是不是已经基本上明白了成年人的社

会是怎样的，也知道了所谓的大人们也和自己一样有缺点、不完美。在这之前，对于孩子们来说父母和老师简直是神一般的存在，他们伟大且无所不能。但进入中学后，孩子会慢慢发现，原来大人也和我们一样，我们也是大人了。此时的孩子们开始依照他们的生活风格行事。

于是，孩子会感到没有必要再汲取新的信息、开发新的生活方式。为什么这一现象会出现在十岁左右？因为我们这一代大人们生活风格的确定就是在十岁左右。

我们这一代大人在十岁左右停止了性格的发育，因此孩子也在十岁左右停止了性格的发育。我们这一代人之所以在十岁左右停止性格的发育，又是因为我们的父母在十岁左右停止了性格的发育。

可以这样说，我们每一个人无论到了三十岁或者五十岁，心里总住着一个十岁左右的孩子，他操纵着我们。因此，如果我们大人的心理发育能持续到十四五岁，那孩子的心理发育应该也能持续到十四五岁，甚至可以说，直至大脑停止发育的十八岁。我们的所谓生活风格也好，心理发育也好，都应该一直持续发展。

在这之后，我们的生活风格便确定下来，并一生保持这种风格生活下去。为什么生活风格不再发生改变？这是一个人自己的决定。他决定了用这种风格生活下去，事到如今再换别的风格会感到不便，也会感到不安。这是他自己下定的决心。反过来说，如果他

放弃了这一决心，他的生活风格则有可能发生改变。❶

　　总而言之，一个人的生活风格，从发育、固定到维持，乃至改变，这一切都是由他本人的意志所决定。除此以外再没有其他"决定性因素"。所以，当孩子质问大人："我这种性格到底是谁造成的?!"大人们可以理直气壮地回答："就是你自己造成的！"而事实亦是如此。

---

　　❶ 当满足以下条件时，人的性格有可能发生改变：（1）处于痛苦之中且自己能够意识到自己痛苦的状态；（2）意识到了自己不幸福的原因；（3）得知了有摆脱不幸的方法；（4）认识到想要摆脱不幸，就必须依照某种规范改变现有的生活方式。

影响生活风格的因素

孩子们的决断由他们自己做出，但孩子们的决断并不是毫无依据地做出的。孩子们会获取一定的素材和信息，并基于这些素材与信息做出决断。孩子就好比公司的董事长。虽然公司的最终政策决断是由董事长做出的，但为了帮助董事长做出决策，公司会召开会议，员工们要给董事长呈上各类资料，给董事长讲解当前各种形势，最后告诉董事长"情况就是这样，请您做出决断吧！"

如果会议上出现了极为偏颇的信息，那么董事长的决断也极有可能出现错误。相反，如果会议上出现的都是确切的消息，那么董事长做出正确决策的可能性也会更大。

从悲观角度来讲，无论会议上的信息多么准确，总有些董事长会做出错误的决断。这是无法避免的。所以从概率上来说，在孩子决定自己的生活风格时，周围给予的信息越恰当，孩子就越容易做出恰当的最终决断。

这些对孩子的生活风格造成影响的"信息"，我们称之为生活风格的"影响因素"。至此，我们知道生活风格的养成及确定中有

"影响因素"与"决定性因素"两种因素。决定性因素就是上一节提到的孩子自身的决断。

☺ 遗传基因的影响有多大?

作为影响因素,首先要提到的必然是"遗传基因"。

但遗传基因对生活风格形成的影响到底有多深,尚不得而知。我想总归是有影响的。就如同孩子的长相会随父母,孩子的生活风格也会随父母,但具体哪一部分、像到什么程度,这很难说。

为什么这么说?因为我们无法严格区分孩子的生活风格究竟是父母后天养育方式的影响还是遗传基因的影响。

如果能够进行下述实验的话,或许可以在一定程度上进行区分。即在一对携带完全相同遗传基因的同卵双胞胎出生后立刻将他们分离并放在完全不同的环境中养育。当他们长大后再将其重聚,找出他们生活风格中的相同部分,那么这一部分是遗传的可能性更高,但并不能断言一定就是遗传因素的影响,因为还要考虑到相同文化的影响。如果这场实验注定会让他们再次相遇,那么即使他们的生活环境不尽相同,但总应该存在共通的文化。因此,哪怕是他们生活风格中相同的部分也无法断言全部都是遗传因素的影响。

同卵双胞胎一出生就被迫与父母分离并送到完全不同的环境中养育的例子并不常见，从人道主义角度来讲也不允许有这样的实验。因此，在这一问题上我们并没有科学的依据。

所以我们只能认为，遗传因素对生活风格的养成有影响，但具体有何影响并不明了。

☺ 智力会遗传吗？

我也经常会被问道："智力会遗传吗？"，这个其实也不确定。也许会遗传，也许不会遗传。高智商父母组成的家庭中会有更多智力上的刺激，因此孩子发育成高智商的可能性更大。于是，孩子智商高到底是因为遗传还是因为后天环境就很难辨别了。

美国有研究显示，白人的智力平均指数高于黑人的智力平均指数，但并没有科学依据能够证明黑人的遗传基因逊于白人。为什么？因为黑人所处的社会状况，没能让他们受到更多能够促进智商发育的刺激，因此造成黑人智力平均指数低于白人的很大可能是环境因素。

实际上，黑人中也有相当多高智商的。如果黑人的成长环境也能被给予更多促进智力发育的刺激，那他们理所当然也能和白人一样成为高智商的人。

😊 器官缺陷的影响

虽然基因遗传和智力遗传的影响尚无定论，但有一点是目前已明确可知的，那就是"器官缺陷（Organ Inferiority）"影响。器官缺陷是阿德勒个体心理学术语，它是指一个人遗传而来或者因为后天疾病导致的对童年生活造成极大障碍的身体（器官）缺陷。

具体来说，比如眼盲、耳聋、手脚残障，或者重度哮喘、小儿结核等。这些情况让他们的生活无法像普通孩子一样。而这些会对他们生活风格的形成造成极大的影响，这是目前学界已知的。

具体有怎样的影响，大体上可以分为两种。进一步说，身体上有某种缺陷的孩子，不得不采取一定的措施去应对自己的缺陷。比如眼睛看不见的人，他必须要有一个对待这一现实的态度。这种态度可能是积极的，也可能是消极的。

那么，何为"积极的对待态度"？

第一种积极面对的态度就是高度重视并改善、改进。比如视力不太好的孩子，因为看不清，所以想要通过努力变得和他人一样能够看清。这是积极的对待态度。事实上，视力不好的人会对眼睛投入更多的精力，因此有时候反而更擅长从事视觉相关的工作。

已经辞世的知名版画家栋方志功就高度弱视。正是因为如此，他才将自己更多的精力集中到眼睛上，于是才得以创造出那样审美

出众、画风独特的版画作品。

第二种积极的对待态度则是干脆放弃有缺陷的器官，转而以另一器官的机能作为补偿。

比如不过度关注自己弱视的眼睛，更努力地发挥自己耳朵的功能。通常盲人的听觉都很敏锐。如果让我们来闭上眼睛听盲人使用的声音信号，我们很难辨别声音信号从何处传来，但盲人一下子就能听出来。又比如盲人触摸的盲文，我们摸起来可能一头雾水，但盲人摸起来就能轻易辨别。这是因为他们下意识地在训练，让自己的听觉、触觉等除了眼睛以外的其他器官的功能变得更为敏锐。

事实上，音乐家中患有眼疾的人很多。比如奥地利浪漫主义作曲家弗朗茨·舒伯特就总是戴着如同啤酒瓶底般厚的眼镜。

如上述所言，如果孩子能够通过加强对缺陷器官的锻炼，或通过加强对除缺陷器官以外的其他器官的机能训练作为补偿，自力更生地活下去，这就是对待器官缺陷的积极态度。

反之所谓"消极的对待态度"则是"我眼睛看不见，我耳朵听不见，所以我的工作都应该让别人帮我做"，这种依赖性的、让别人替自己承担责任的想法就是消极的态度。

遗憾的是，具有器官缺陷的孩子产生这种消极态度的可能性很高。比如患有哮喘病的孩子，多数情况下会养成娇惯的生活风格。这是因为父母认为孩子有哮喘，所以要给予特别的保护。于是从孩子小时候开始，本来应该孩子自己去解决的问题，父母也帮孩子一件一件地处理好。

其实，哪怕是面对哮喘这样的疾病，也能有积极的补偿方式。比如德国哲学家伊曼努尔·康德，他从小患有严重哮喘，所以基本上没有办法走出家门。他出生于德国柯尼斯堡，并且一生没有踏出这座城市半步。

为了补偿自己的器官缺陷，他首先通过努力成了地理学家。他在柯尼斯堡的书斋学习全世界的地理知识，并很快对全世界的地理有了详尽的了解。后来他又努力成为天文学家，去了解宇宙中的星球。天文也很快被他掌握，接着他开始努力成为哲学家，去探索真理。这就是积极面对器官缺陷并做出补偿的方法。

面对"器官缺陷"这同一个现实，孩子能够有好几种不同的态度。不只是器官缺陷这样的身体因素，还有环境因素，比如父母的育儿方式等，也能影响孩子们的认识和判断，然后他们会从好几种态度中选定最终的态度。这也是我在最开始说到的，遗传基因也好，环境因素也罢，都只能影响孩子的生活风格而不能决定孩子的生活风格，最终决定孩子生活风格的，只有孩子本人的决断。

来自环境的影响

接下来，我们要谈一谈心理方面以及人际关系方面的影响因素。

说到"环境"，在这里我们首先会想到家庭。一般的孩子都生长在家庭中，极少数例外情况的孩子在出生后就与家庭分离，在孤儿院长大。那么这里我们主要考虑的是那些在普通家庭出生、长大的孩子的情况。

☺ 兄弟姐妹的影响

孩子在"家人"这一共同体（集体）中出生，一般拥有两种人际关系。第一种是与父母的关系，第二种是与兄弟姐妹的关系。任何一种都对孩子生活风格的形成产生着极大的影响。

阿德勒心理学认为，与兄弟姐妹的关系对生活风格形成的影响更大。

兄弟姐妹会通过两种方式对生活风格的形成产生影响。第一种是出生的先后顺序。孩子是作为老大出生，还是作为中间的孩子出生，或是作为最小的老幺出生。这种出生的先后顺序对孩子生活风格的形成与发展有着重大影响。第二种则是兄弟姐妹间的竞争对生活风格的形成产生的影响。

☺ 长子长女的性格特征

首先说一下第一个出生的孩子。无论男女，第一个出生的孩子在出生后的一段时间里一定是独生子的状态。直到有一天母亲从医院带回来一个弟弟（妹妹），说道："来看看，这是你弟弟（妹妹），可爱吧。从今天起你们就要一起生活了，妈妈会很公平，不会偏心的。所以你要和弟弟（妹妹）好好相处哟！"

但站在孩子的角度，这番话听起来或许有些奇怪。首先，妈妈形容的是"可爱吧"，但孩子总会忍不住想："这猴子一样的家伙哪里可爱了？"

即使妈妈说着会保证公平，但至今为止都给予自己百分之百的爱的母亲，突然就只能分给自己百分之五十的爱了，甚至都分不到百分之五十，因为婴儿确实比较麻烦，总会多花百分之一二十的精力在婴儿身上。至今为止自己都是家里的小皇帝，如今却突然跌下王座，仿佛沦为平民一般。

那么，第一个出生的孩子为了夺回失去的王座总会做出些什么事情。这就是长子长女身上的一种自卑性。为了补偿这种自卑，他们也会做出或积极或消极的反应。

所谓积极的反应有哪些？比如做一些事与这个新来的婴儿相比较，显得自己能力更强。通过展示自己各方面的才能来吸引父母的关注、博得父母的赞赏。很多长子长女都会选择这一做法，因此，长子长女多数是勤奋努力的孩子。他们往往会成为理想主义者，努力朝着极高的目标前行。

那么消极反应的例子有哪些？比如，宣示自己比其他孩子更有能力、有力量。通过欺负弟弟妹妹，或吵架取胜来获得优越感。因此，有些长子长女也会极具支配欲望、非常蛮横暴力。这就是长子长女做出的消极反应。

☺ 处在中间的孩子的性格特征

那么处在中间段出生的孩子，在兄弟姐妹中占据着怎样的地位呢？通常来说，他们是没有体验过独占父母关心与爱护的孩子。第一个出生的孩子有过一段独生子的时期，最后一个孩子也有立场得到父母特别的关心与注意。只有中间的孩子，无论如何也得不到父母全心全意的关心与关注。其结果就是他们对于这种自卑感也不得不采取心理补偿措施。此时也会有积极的与消极的两种反应。

作为积极的反应，孩子可能会有的表现是凡事都自己做，甚至会想着不再依赖父母或兄弟姐妹。如此一来，他们往往会成为一个十分自立的人。据说在探险家、登山家中，在家里排行中间的孩子更多。还有其他的积极反应。比如对父母特别好，特别孝顺，一直努力和父母保持良好的关系。在实际生活中，处于中间的孩子一般来说都擅长处理人际关系。

消极的反应则可能是通过成为不良少年来让父母不得不关注自己，或者成为俗话说的马屁精，总是装作一副笨手笨脚的样子，通过奉承他人来讨他人的欢心。

😊 最后一个孩子的性格特征

有种现象一直令我感到不可思议。那就是当家里的第一个孩子上小学时，母亲总会说："从今天开始哥哥就是小学生了，凡事都要自己做了哟！"但当家里最小的孩子上小学时，母亲绝不会这样说。反而把孩子当作婴儿似的千叮咛万嘱咐，十分不放心的样子。

最小的孩子可以通过展示自己最小、力气不够、能力不足等来博取父母的注意、关心以及援助。因此有可能养成孩子特有的生活风格。

最小的孩子对于这一地位，如果采取积极的应对态度则有可能成为"团宠"，即在一个集体中被大家喜爱、照顾的角色。但如果采取消极的应对态度，则可能成为一个凡事依赖他人，仅凭自己什么也做不了的人。

☺ 独生子（女）的性格特征

没有兄弟姐妹的独生子（女），则往往背负着特有的不利条件，即缺少处理人际关系的机会。虽然需要处理和父母的关系，却不需要处理与兄弟姐妹之间的关系。通常情况下，独生子（女）不太擅长处理人际关系。尽管如此，如果对于自己独生子（女）的身份采取积极的态度，则可能成为相当自立的孩子，或成为特别温柔，依恋他人，为了能与他人共同生活而不懈努力的人。如果采取消极的态度，则很有可能成为依赖他人的、以自我为中心的、不懂得体谅他人心情的人。

☺ 兄弟姐妹间的竞争与性格的养成

我们可以把兄弟姐妹看作是同一场竞技比赛的选手。这场比赛的奖赏便是父母的疼爱。兄弟姐妹同时参加这场竞赛，并且这是一场障碍赛。

无论出生顺位怎样，孩子们都有其专有的特殊障碍。他们背负着各自的不利条件开始了这场没有硝烟的战争。因为各自障碍不同，于是出现了各自特有的作战策略。

我们在实际生活中可以经常看到，比起同一个家庭的三个孩子，分别来自不同家庭的三个长子生活风格会更为相似。同样，三个中间的孩子，或者三个最小的孩子，他们的生活风格也会更加相似。

当然，并不是说"出生顺序"就决定了一切。另外还有一个影响因素则是"竞争关系"。刚刚前面也讲到了，因为兄弟姐妹之间会竞争，所以根据其他兄弟姐妹作战方式的不同，自己也不得不调整自己的作战策略。

比如，大哥在学校的学习成绩很好。那么第二个孩子会怎么办？或许会在学习成绩方面和大哥一决高下。但一旦当他发现自己无论如何都无法超过大哥时，则可能会完全放弃学习，转而从其他方面，比如善于处理人际关系等，通过展现自己的特点来寻求父母的赞赏。

那第三个孩子会怎么办呢？与自己年龄最接近的二哥特别善于处理人际关系，拥有一众好友。如果自己也把处理人际关系当作自己的强项，恐怕很难做得比二哥还要好。于是，他又要选择另一个不同的领域。甚至可能和大哥一样，选择在学业上做出一番成绩。

所以兄弟姐妹之间，年龄隔得越远，竞争越没有那样激烈。与出生顺序紧挨着自己的哥哥（姐姐）或弟弟（妹妹）之间竞争才最为激烈。

因此，现实生活中我们经常可以发现，如果一个家庭有多个孩子，那么按孩子由大到小的顺序，他们在学业成绩方面，可能是好·差·好·差·好，在人际交往方面则可能是差·好·差·好·差，每一个孩子都互不相同。因此我们也常常可以看到，比起中间隔了几个的兄弟姐妹，挨得最近的两个往往是最不像的。这就是竞争关系导致的。

😊 父母对孩子性格造成的影响

接下来要讲的，则是关于"父母"的影响。

相比起兄弟姐妹，父母对孩子性格的影响要小一些。但依旧对孩子性格的养成发挥着重要影响。

父母在与孩子的相处中往往会做出两种行为：表扬或批评孩子。孩子从出生到上小学前，最常听父母说的话大概是"这样做好。这样做不好"。换句话说就是父母通过"好与不好"来表扬或批评孩子，以此教会孩子辨析是非善恶。

　　这一行为在心理学上被称之为"强化"，父母则是"强化者"。

我们可以认为父母就是帮助孩子找到正确方向的"强化者"。

家庭价值观的影响

父母对孩子的表扬或批评当然不是心血来潮、毫无原则的。他们总会根据一个原则来表扬或批评孩子，我们将这一原则称之为"家庭价值观"。家庭价值观，即父母共同的价值观，或总是成为父母争论焦点的价值观。这两者统称为家庭价值观。

首先是父母共同的价值观。比如父母都认为学校的学习很重要，认为学业成绩优异很重要，并且不断地向孩子灌输这一观念。学校学习很重要这一观念就是该家庭的家庭价值观。

如果父亲认为学校的学习很重要，而母亲认为不应该太看重学校的学习，结果夫妇之间总是为了这个事争执不休，这也是一种家庭价值观。

为什么这么说？因为孩子也必须在这件事情上决定自己的态度。当这件事情不断成为家里争吵的话题时，孩子也不得不做出自己的判断：关于学校的学习、学业成绩我究竟该怎样看待？在这一点上，当父母观念一致时也是如此，孩子也会被迫做出判断。

但如果父母双方中只有一方持明确主张，另一方持中立态度，既不认同也不否定。这种观念通常不能作为家庭价值观发挥作用。

面对家庭价值观，孩子不得不做出选择决定自己的态度：对于这一价值观，自己究竟是该认同还是否定？当然，家庭价值观通常是积极的。如果认同这种价值观，则证明孩子选择了积极的态度。如果否认这一价值观，则说明孩子选择了消极的态度。

但这只是就一般情况而言。现实中有时也会出现相反的情况，比如父母双方都持有反社会的、消极的价值观。如果父母双方都是犯罪分子，那么他们一致认同的价值观，比如偷盗他人钱财没什么问题等这类价值观，则是反社会性质的价值观。如果孩子认同了这一价值观，那么这个孩子便是选择了错误的价值取向。

但上述情况终归是少数，我们大部分人出生的家庭，父母都基本持有积极、正确的价值观。大多数孩子也能认同父母的价值观，选择积极的价值取向。

那么，在什么情况下，孩子会否认家庭价值观，否认父母的价值观呢？答案是兄弟姐妹间出现竞争时。假设家中有好几个兄弟姐妹，大家都认同父母的价值观，但这其中如果没有了自己特有的、能在这一方面拿第一的价值观时，加上父母总是在将孩子进行比较，让孩子们互相竞争，此时这个孩子就可能会否认父母的价值观。因为这样可以引起父母的注意，博取父母的关心。

现实中，教师家庭更容易出现不愿上学的孩子。警察和法官的家庭更容易出现问题少年。为什么？因为这是孩子在对父母最重视的价值观说"No"。因为这样能够和父母构筑起特殊的关系，能够让父母在自己身上花的精力比其他兄弟姐妹更多。

因此，并不见得说父母拥有正确价值观，就能将全部孩子都培养成好孩子，让他们都养成好的生活风格。有时候也会出现令人棘手的情况。此时，我们还必须理解另一件事。

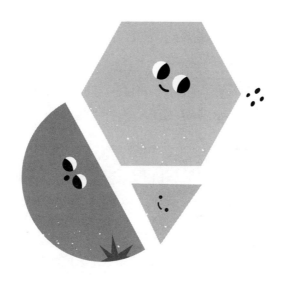

家庭氛围的影响

父母不仅是"强化者"，同样也是孩子的"模范者"，这是父母的另一个角色。比起"听"父母说的话，孩子更是"看"着父母的所作所为一点点长大的。父母的所作所为会对孩子性格的形成造成致命性的影响。

父母很容易说漂亮话，但将这些漂亮话付诸行动却很困难。所以有些时候，父母的言行并不一致。这种情况下，孩子往往会优先学习父母的实际行为。

父母共同的，对于人生问题、家庭内部问题等问题的解决方法，我们称之为"家庭氛围"，氛围这个词或许有些微妙。具体来说，比如父亲独裁专断，家里任何事情都是父亲下指示，这样做或那样做，其他人服从就好了。这是这个家庭解决问题的方式，同时也是这个家庭的氛围。比如有的家庭的家庭氛围是民主，那么出现任何问题时，大家都会聚集起来，以平等的立场对话并决定接下来该怎么做。这既是这个家庭解决问题的方法，也是这个家庭的氛围。

☺ 横向关系或纵向关系会造成孩子的性格差异

氛围大致可以分为两种——纵向关系的氛围与横向关系的氛围。比如家庭中的父母在上、孩子在下，丈夫在上、妻子在下等这样的关系，这就是纵向关系。如果家庭全员都能平等地、相互协作地参与到家庭生活中来，这就是横向关系。

阿德勒心理学主张在培育健康人格以及构筑良好人际关系方面，"横向关系的氛围"更有利。之后会具体解释构建这种良好氛围的方法。

现实生活中，大多数家庭都是纵向关系的氛围，或者竞争关系的氛围，即总是让孩子们互相竞争。而最容易让孩子出现问题的正是家庭中这种竞争的氛围，比如通过让孩子们竞争决定谁输谁赢。另外，家庭价值观极度狭隘也更容易让孩子出现问题，比如通过孩子在学校的学习成绩来决定孩子的全部价值，哪怕孩子在人际交往上多么擅长，动手能力多么优秀，多么能够吃苦耐劳，只要在学校成绩不好，孩子在家里就没有地位，得不到父母的认可。这种家庭氛围也很容易让孩子出现问题。

我认识这样一个孩子。他是一个盗窃团伙的老大，头脑特别聪明，曾经也在一个好学校念过书。从一般社会角度而言这是一所好学校，但从孩子父母的价值观来看，它并不算得上好学校。这个孩子的父母都是高学历，哥哥也在顶尖的学校念书。相比之下，这个弟弟念的学校就没有那么好。

这对父母的价值观，是依据学历看待人的一切价值。而且他们总是带着竞争的观念思考问题，认为"这个世界好比战场，在这个弱肉强食的社会，只有胜者才能求生存"，所以，他们也不断地让两兄弟去竞争。

在当时，这位弟弟如果让社会大众来看绝对不是差等生，但在这个家里、在父母的意识里，他就是一个差等生。于是，这个孩子开始报复父母。怎么报复呢？用最能够伤害到父母的方式——真的变成坏孩子。所以他召集了各种各样的孩子，组建了一个不良少年的组织。之后又给这些少年传授"智慧"，成立了盗窃团伙。他自己从不出面，只需要通过指使下面的人就能获得巨额的盗窃收入。

这是一个相当不幸的例子。如果这个孩子成长在一个不单纯以学历定价值、父母能够认可每一个孩子的个性的家庭中，我想也不至于导致如此不幸的结局。实际上，很多所谓的不良少年，都是在这样的家庭环境中，在这种狭隘的家庭价值观和充满竞争意识的家庭氛围中长大的。

相反，假设一个家庭的氛围是包容的，能够认可多种价值的，并且也不将孩子进行比较，不让他们竞争，而是大家一起齐心协力维护好这个家，孩子们在这种横向关系的氛围中长大，那么我想每一个孩子都能养成健康的生活风格吧。

代表性的家庭氛围

整体氛围	
开放性对话	封闭性对话
乐观	悲观
相互尊重	推脱责任
相互包容	相互否定
解决问题的态度	
重视态度	重视结果
完成了多少	有没有完成
做出决定的程序	
每位家庭成员拥有平等的决定权	支配与服从的关系
民主决策	独裁者做决定
理性协商	相互伤害感情
团队合作的方式	
友好地相互帮助	相互扯后腿
合作性质的	竞争性质的
对于规范的认识	
创造性与现实性兼具	因循守旧
重视权利与责任	重视前人的例子和社会普遍评价
提供援助的方式	
给予勇气	过度保护，过度干涉

不恰当的家庭氛围及其典型结果

家庭氛围	对孩子造成的典型性影响
过度保护	对自己的行为不负责任
过度溺爱	以自我为中心，自私自利
过度否定	认为自己没有价值，缺乏自信
权威主义	充满支配欲，依赖权力 变得卑微，屈服于力量
期待过高	深刻感到自己无能
过度怜悯	觉得自己很悲惨 通过让别人可怜自己来逃脱义务
缺乏一贯性	不再信赖他人
不和睦	总是试图通过争吵解决问题
绝望	将绝望的情绪传染给孩子
爱说坏话	导致孩子成为性格乖僻的悲观主义者
否认感情	将真实情感深藏内心
竞争	成为野心家 总是想着竞争，无法与人合作

文化带来的影响

前面我们讲述了在性格的形成中，家庭给予的影响。接下来我们要讲的是家庭外部氛围所带来的影响。这里用一个词来简单概括的话，我们可以理解为"文化"带来的影响。

而这其中我们会提到学校、地域、民族、国家、时代等。特别是处于生活风格形成时期的小学阶段，学校对孩子生活风格的形成有重大影响。

回想起自己的经历，我在小学一二年级的时候，性格极度内向，学习成绩也不太好。班主任总是以课本上写的、自己教的内容为基准，不一样就给学生判错。而我又是那种按自己想法答题的孩子。于是总是被老师教训说"书上没这么写吧？""我没这么教吧？"然后被老师惩罚。所以，那时我一度认为自己是一个不适合学习的笨孩子。

上三年级时换了一个班主任。那是一位年轻的男老师，他总是问大家"知道吗？"当我举起手说"我知道"时，他就会说："好，那野田同学来给大家讲讲吧。"如果我回答错了，他会说："哇，原来野田同学是这样想的呀。这是个很有趣的观点。但是呢，通常我们会这样想……"

我听到老师这样说，便会大受鼓舞。我知道了我可以随便怎么想，可以按照自己的方式想。但我开始意识到，如果大家都那样想的话，我也可以试着像普通人一样去那样想。

于是，我变得能够将带有自己个性的想法与这个社会的普遍想法区分开来。我知道了普罗大众的想法，也知道了我不必扼杀自己的个性。至今我仍感激那位老师。自从遇到那位老师后，我的性格变得外向，态度也变得积极起来。

像这样，一所小学对一个人的影响有时甚至会左右一个人的一生。当然，并不是说初中、高中的影响就无关紧要，只是希望大家知道小学的影响力尤为深刻。

如果要对文化进行再定义的话，我认为文化是一个人所属集体的共同思想（共识），或者说是大家公认的"理所应当"，不论这个集体是家庭、学校、民族，甚至国家。

☺ 文化中"理所应当"的差异

当日本人在美国被邀请参加家庭聚会时，往往会很受震撼。在我们抵达美国人家里后，他们首先会问我们："一路上过来辛苦了！是要喝咖啡、红茶，还是柠檬汽水？"当我们回答："那给我来杯咖啡吧。"他们又会接着问："咖啡里要加糖还是牛奶呢？还是

加一点白兰地或者威士忌？"我们必须一个一个全部回答。日本人很难开口说："你就看着办吧。" ❶

接下来喝酒的时候，他们又会问：是要威士忌，还是白兰地，或者其他果酒？要兑白水或者汽水吗？要不要加冰？这些全部都要回答。但在日本，这些通常都是邀请方（主人）看着办，按照他认为最好的方式。在日本，主人看着办是理所应当。在美国，全部问一遍客人是理所应当。

这种理所应当的差异便是文化，没有孰是孰非，任何一个都是正确的。但这些理所应当会被孩子们吸收，对他们生活风格的形成产生巨大影响。

---

❶ 土居健郎先生所著《日本人的心理结构》中开篇也写到了同样的事情，但我这里并不是剽窃。因为我在旅居美国时学识尚浅，那时还未曾读过《日本人的心理结构》这本书。

不恰当的生活风格

大部分不恰当的生活风格都是由以下三种信念所导致的。

第一种，认为自身缺乏解决问题的基本能力。认为无法依靠自己的力量去解决自己的人生问题。

第二种，认为自己的监护人（这里既指父母，有些场合亦指老师）有义务时时刻刻帮助自己。哪怕自己不寻求帮助，他们也必须保护自己。

第三种，如果这些监护人没能充分地保护好自己，那么他们应当受到惩罚。

我认为包含有这三种信念的人的生活风格是最糟糕、最不恰当的生活风格。比如孩子在学校成绩不好，不愿意再去学校。他自己无法解决这个问题，于是寄希望于作为监护人的父母能够代替自己解决这个问题。但在学校成绩不好、与其他同学关系处理不好等这样的问题，父母通常很难替他们解决。于是孩子开始生气："我都这么苦恼了！你作为我的监护人怎么都不帮我？""你这样是会受到惩罚的！"有些时候，孩子对父母的家暴行为就这样诞生了。

想必孩子这样的性格，一定会让家长们担忧。我们希望孩子能够更加自立，能够学会独立解决自己的问题。我们希望他们知道，任何人都没有义务必须帮助自己。如果你拜托他人，他人或许会帮助你，但这是他人给予你的善意，而绝非他人的义务。同时，如果想要得到别人的帮助，那么当别人有求于自己时，自己也应当尽力去帮助别人。

😊 成为普通人的勇气

如果一个家庭出现问题儿童，阿德勒以外的其他流派的心理学者会说是因为"关爱不足"。关爱不足的家庭确实存在，比如父亲忙着国家大事，母亲忙着酒水生意，父母两人基本上不回家，哥哥是当地有名的混混头子，只剩弟弟一个人在家，一日三餐都是自己一个人吃。这样的家庭确实存在关爱不足。

但一般中产阶级的家庭出现关爱不足的孩子几乎是不存在的❶，

---

❶ René Spitz（雷诺·史必兹，又译勒内·斯皮茨）认为"出生后一年内恰当且充分的母子关系，具有压倒性且无可替代的重要作用"。John Bowlby（约翰·鲍比）认为"幼儿长期缺乏母性的关怀，会对他的性格乃至整个人生造成深远且重大的影响"。我曾经一度也是相信上述观点的。但他们得出这一结论的根据，是基于对从出生起就与父母分离并在救助机构长大的孩子的观察。这一方法并不科学。这一类孩子并不是缺乏"父母的关爱"，是缺少"父母"本身的存在。

但"关爱饥渴"的孩子是有可能存在的。有些孩子，得不到父母大量的爱就不满足。他们误以为是因为父母不够爱自己，自己才变成了坏孩子。其实并不是父母不够爱，只是有些人对父母的爱有着超乎寻常的贪婪。

对于这样的孩子，其他流派的心理学者有时候会给出并不恰当的建议。比如，前阵子有个逃课的初三男生和母亲到一家咨询所咨询，咨询师说："这是因为关爱不足，妈妈你要多抱抱孩子。"对此，我感到大为震惊。都是读初三的大男子汉了，母亲抱孩子？孩子和母亲都会感到不舒服吧！如果强行这样做，很可能让孩子连家都不愿意回了。

其实，出现这种状况，是因为孩子缺少做一个普通人的勇气。于我们每一个人来说，最难亦最缺乏的其实是成为芸芸众生中的平凡人的勇气。成为一个特别的存在，其实很轻松，不需要什么勇气。无论是好的还是坏的方面，都可以成为一个特别的人。但承认自己是一个完全不特别的、极其平凡的普通人，实际上非常需要勇气，而我们必须拥有这份勇气。

但很多父母的教育方式往往与其背道而驰。很多父母只有在孩子很特别的时候才会认可孩子。比如一次考试考得好，帮着做了一次家务，只有这些时候才会表扬孩子。然后当孩子做了坏事，或是不好好学习时则会批评孩子。

这种表扬或批评，都说明父母没有关注孩子最普通的生活、最平凡的生活方式，而是只在孩子特别时才给予孩子关注。在这种教育方式下成长的孩子，会逐渐认为自己必须要成为一个特别的人。

但一个人一年 365 天，一天 24 小时都保持特别，实际上是无法做到的。每一个人都应该知道，每天过最平凡的生活，是一件多么棒的事情。我们应该承认这一点，并创造一个这样的家庭、这样的学校以及这样的世界。

☺ 为何人寻求归属感的本能如此强烈？

人们一旦认为无法与对方保持良好的关系，干脆就把关系搞得恶劣。因为这远比被对方无视来得好，被无视是人际关系中最让人无法忍耐的。

这一点与人的发育历程有关。与其他动物的幼儿相比，人类幼儿的发育方式尤为特殊。将人类骨骼与犬类骨骼进行对比，最为不同的即骨盆的形状。因为犬类是四肢爬行动物，所以骨盆呈圆筒形，并从中长出四肢。即使它们想像人类一样站起来，也因为后肢处于圆筒状的骨盆中而无法做到。而人类的骨盆向下逐渐缩小，呈圆锥形，双腿与脊髓保持相同方向生长，所以可以直立行走。因此，骨盆最下方，即产出婴儿的产道可扩张面积，人类和犬类是完全不一样的。幼犬出生后虽不能像马儿一样一出生即能奔跑，但足以爬到母亲那里吮吸乳汁，大概一两周后就可以奔跑了，但人类的婴儿是做不到的。人类婴儿如果在母亲腹中发育充足，则无法通过狭窄的骨盆的，于是急赶着从母亲肚子中出来，所以人类婴儿其实都是早产。如果比照其他动物的妊娠时间，人类婴儿其实应该在母胎中发育二十个月才能出生。那样一来，母亲生育后的负担也会轻松一些。

人类婴儿这样的早产儿如果得不到父母充分的保护，可以说无法靠自己生存下来。一天不照看他可能就死掉了。所以人类幼儿从很小很小的时候就感觉到，如果没有他人的保护，自己将无法生存，如果不能和他人紧密联系在一起，自己将面临艰难的境遇。

所以，比起与生俱来的求生本能，这种寻求与他人联系的本能，即所谓"寻求归属感"的本能才更为强烈。

只有人类才会自杀，其他动物基本上不会自杀。这正是因为比起求生本能，寻求归属感的本能更为强烈所导致的。没有归属感，不被社会所接受，想着"如果我死了，大家就能记住我，想起我了"的人就会选择自杀。

但这其实是错误的想法，是一种对幼时感受的误解。这种本能只有在出生第一年时才需要。特别是上了小学之后，一个人其实不与他人保持联系也能够生存下去。但人们误解了这种出生时的感受并将其延续了一生。于是大家才会觉得不被他人接受和喜欢是一件不好的事情，其实事实并非如此。

不恰当的生活风格的几种类型

对生活风格（Life Style）即所谓性格的类型进行赘述其实意义并不大，但阿德勒心理学出于教育的目的，即作为性格诊断的演习，还是将性格进行了大致的类别划分。

关于健康人格前文已经做了详细讲述，这里将着重阐述或多或少存在些许问题的性格类型。大致可划分为"依赖型"与"竞争型"两大类。

☺ 依赖型生活风格

依赖型的基本常态是"我一个人不行。别人应该保护我"。这种依赖进而又可以分为两类。

◇消极依赖型——只要我不行，别人就会保护我。

这类人的信念里，总想着"我很弱小，什么都做不了，希望别人能一直保护我"。为了得到别人的保护，会更加明显地展现出自己的弱小，总是试图让他人产生对自己的"保护欲"。他们认为"这个世界充满了危险"，总被不安与担忧的情绪困扰。这类生活风格常见于问题儿童及焦虑神经症患者中。

他们的生活方式有如下特征：

· 嚷嚷着"我真的不行"，从不直面解决自己的人生问题。

· 总是指望着别人的援助。

· 为了让别人喜欢自己可以不择手段，付出各种努力让别人愿意服务于自己。

· 试图获得他人的关注、关心、爱情以及同情，如果被对方忽视，就会缠着对方问一些无聊的问题、索取帮助，如果依旧不能得逞则会闹脾气。

· 将魅力和可爱当作武器，穿着和说话都很孩子气。

◇**攻击依赖型——他人不保护自己则他人应该受到惩罚。**

这类人通常认为他人为自己服务是理所应当，从不给予，而只一味索取。大多数情况下，他们的自我评价很低，认为"因为自己没有能力，所以很难靠自己解决自己的人生问题"。

他们的生活方式有如下特征：

· 对自己的利害十分敏感，却对他人的利害毫不关心。

· 总是指望他人，不自立。

· 以"这个人能为我做什么？"为标准来评价他人。

· 通常很善于结交朋友，只对利用朋友使其帮助自己感兴趣，不会为朋友付出，多数情况下友情存续时间不会很长。

• 一旦对方无法回应自己的期待，就会生气且攻击对方："你明明有帮助我的义务，为什么不帮我？"

• 发脾气、散播魅力、装害羞、威胁、假装消沉等，为了操纵他人而使用各种情绪。

• 装作过分乐观的样子，试图隐瞒自己的自卑感，无论是对他人抑或自己。

😊 竞争型生活风格

与依赖型一样认为自己不行，但不同的是，竞争型生活风格的人会想着："让自己变得行吧！为此我应该满足……的条件。"

◇积极竞争型——只有我比别人优秀的时候我才"行"，所以我要通过竞争来取胜。

这类人认为自己必须"时常""绝对性地""在任何方面"都要有能力，总是积极投身于各类激烈的竞争中。因此这类人通常社会适应能力很强，至少不会差。但是这种过度的适应能力，会让人积攒压力，有时甚至容易陷入心身症、抑郁症。另外，这类人会希望别人不行。

他们的生活方式有如下特征：

· 无论好坏，凡事都很主动、很活跃，认为"自己不做的话别人就做了"，行事迅猛。

· 被剥夺了活跃的权利时会很困扰，不擅于处在"无事可做"的情况中。

· 总是想争当第一，不战胜他人就会没完没了。

· 认为人际关系就是竞争、就是胜负。当感到无法胜过他人时，也会用尽各种手段努力，至少不输于他人。

· 对待他人容易变得具有威慑性、攻击性，以及产生支配欲望。

· 心里某处藏着空虚感，为了打消这种空虚感，反而成为野心家。

· 希望通过展示自己厉害的一面来支配他人。

◇消极竞争型——我只要不失败就"行"，于是消极自处。

这类人"不能失败"的想法强烈，这背后其实隐藏着"我容易失败"的自卑感。为了不失败，他们会尽量避开挑战，可能会失败的事情绝对不会尝试。他们生活平淡且死板，与激烈、兴奋的事情保持距离。这类人甚至容易形成强迫神经症和对人恐怖症。

"积极竞争型"与"消极竞争型"虽然看起来是完全不相同的两种生活风格，但也有如下共同点：

· 两者都是极度的完美主义者。

- 两者都具有竞争性。

- 两者都想要受到他人的尊敬，至少不希望被轻视。

消极竞争型还有如下特征：

- 总是在担心是否会失败，胆小且容易将自己的想法隐藏起来。

- 过度地心地善良，过度地注意清洁与仪容仪表，严格遵守正确着装规范，严格守时。

- 不懂得变通。依赖定好地规则、秩序、日程安排，没有这些东西会很困惑。

- 随机应变能力较差，墨守成规，不擅长应对实际突发事件。缺乏创造性。

- 害怕情绪化，总是努力保持冷静和理性。

- 不擅长放松享乐。

- 表面上看具有良好的人际关系，实则不会将与他人的关系发展到深度亲密阶段。

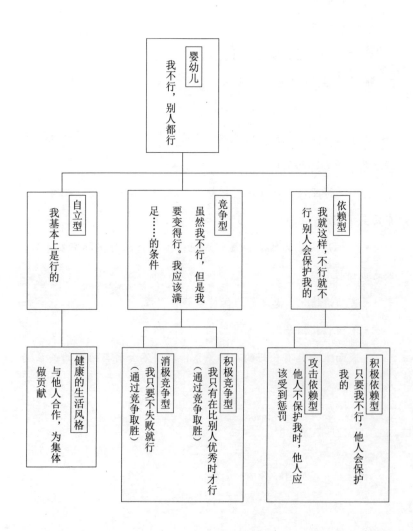

Q&A

——父母的生活风格会对孩子的生活风格产生影响，那么父亲和母亲起到的作用有何不同？

可以认为并没有什么不同。换句话说，根据父亲的个性与母亲的个性，会自然而然地决定两者的分工，并起到各自不同的作用，但每对夫妇的情况都不一样。我认为大家没有必要去刻意注意什么"因为是父亲、因为是男性、因为是母亲、因为是女性"，所以要怎样。❶

之所以会产生这样的疑问，是因为大家普遍认为父亲应该责骂孩子，通过责骂来教会孩子什么可以做什么不可以做。

有些母亲希望父亲去唱黑脸，把责骂孩子的事儿都交给父亲做。自己则唱白脸，充当那个被孩子喜爱的好人。把招人厌的事儿全扔给孩子父亲去做是不是有些狡猾了？

---

❶ 现代新流派心理学中有一种说法认为"所谓人格什么的，其实本身是不存在的。人类会随着眼前交往对象的不同而随时发生改变。没有什么所谓的真正的自己。有的只是人际关系的系统"。我的想法虽然没有这般激进，但这一观点多多少少有其道理。和家人在一起的时候，和朋友在一起的时候，和患者见面的时候，在学会上做演讲的时候，每一种场合，我仿佛都有着完全不同的行为举动。这时我会想这好像不是我，但也不是别人。

因为都是母亲在定义父亲该扮演怎样的角色，我认为这种家庭氛围并不好。

所以，不要去拘泥于"因为是丈夫，因为是妻子""因为是男性，因为是女性""因为是父亲，因为是母亲"等，而都应该更积极地拿出自己的本领、个性，携起手来养育孩子。

——单亲家庭会对孩子生活风格的养成有怎样的影响？

单亲家庭并不会对孩子造成什么致命性的影响。只要在一些方面稍加注意，孩子就能健全成长。

首先需要注意的关键点是，家庭的价值观可能会由一人来决定，没有父母之间商讨的机会。

有一点前文没有提到，关于家庭价值观，父母二人的价值观没有必要一定是一致的。哪怕两人价值观不同也没有关系。但是，不要情绪化地去争吵，不要通过争吵去解决问题，理性地交流去解决矛盾就好。

但单亲家庭的情况是连争吵的可能都没有，这时容易造成价值观的偏颇。这是第一个需要注意的点。另一点则是孩子没有机会看到、学到父母解决问题的方法，特别是解决夫妻关系问题的实际案例。因此，需要尽可能地给孩子更多的体验，让孩子知道如何经营一个家庭、夫妻之间应该如何相处等。

　　只要考虑到了这些，哪怕是单亲家庭，也绝不会是孩子成长路上的不利条件。

第 **3** 章

建立良好的人际关系

人的所有行为都有目的

我们的烦恼，我认为都是人际关系方面的烦恼。阿德勒就曾说过："人类的所有问题，都是人际关系上的问题。❶"所以，保持良好的人际关系，可以说是健康生活、幸福生活的绝对性必要条件。

那么，良好的人际关系究竟是怎样的人际关系呢？阿德勒心理学上用一句话概括，即摒弃纵向关系，构建横向关系。

普遍的人际关系，这个世上存在的绝大多数人际关系都是纵向关系。换句话说，就是上下级的关系、竞争的关系。地位谁上谁下、结局谁胜谁负，以这些为机制构建的关系就是纵向关系。

阿德勒心理学认为正是这种纵向的人际关系，才恰恰是损害我们精神健康的最大因素。我们必须要将人际关系调整为横向关系。一旦实现了真正的横向关系，每一个共同体的成员都能够实现健康的人格。

---

❶ 说到心理学或许你会认为是研究人内在心理的一门学问，但阿德勒心理学不是这样，它是研究人与人之间关系的学问。当产生不好的情绪、孩子出现不良行为、患上神经症时，比起关注这个人的内心出现了什么问题，倒不如去关注他处理人际关系方面出现了什么问题。第一次听到这一说法或许会让人有些摸不着头脑，但多去感受，习惯之后就会发现确实如此。

但是，构筑这种横向关系并非易事❶。比如，愤怒和不安的情绪总会突然出现，干扰横向关系的构建。愤怒，是为了支配他人而使用的一种情绪。这在第一章中已经讲过，本章会进行更为详细的说明。

☺ 所有行为都有目的

阿德勒心理学有一个基本观点，即人类的所有行为都带着目的，人总是朝着目的而行动。具体来说，即现在的行为与过去无关，而是与今后会怎么样、我想怎么样等，与一个人的目的有关。因此，基于某种感情而产生的行为，我们不能认为感情是原因，行为是结果。而是心中怀有某种目的，为了达成这一目的才产生并利用了某些感情。

举例说明，比如孩子早上赖床，母亲很焦急，明知道不能情绪化地责骂孩子却还是忍不住骂了。但是，母亲会觉得那是因为生气的情绪上来了，自己也没办法。"我"其实真的是一个好人，只是偶尔有些场合情绪上来了会冲动。所以，不能怪"我"，要怪就怪

---

❶ 这里并不是说构筑横向关系，摒弃操纵他人工具的"阴性情绪"这件事本身很"难"，嘴上喊着"我真的做不到"，其实所谓"做不到"，只是"不想做"罢了。

这些情绪。

这种想法是不对的。其实你是想支配他人。一旦想要支配他人就陷入了纵向的人际关系。想要支配他人的时候变得冲动易怒，既可以打压对方又能为自己找借口："因为我现在很情绪化，所以无论我做什么你都要原谅我。"所以你才会拿出情绪。

因此，所谓情绪不过是为了实现某一目的而使用的手段罢了。其实细想的话，有时候我们不摆出情绪也可以，但为了糊弄过去我们还是选择利用情绪。如果我们能够诚实地认清这一点，承认这一点，就不会再产生破坏人际关系的恶性情绪了。

😊 发怒之人即想要支配对方的人

斥骂、惩罚孩子的父母或学校老师一定会先发火，并且为自己的发火找借口：我之所以这样骂你，正是为你着想、为了你好！责骂下属的上司亦是如此。

其实，真正的原因还是出于对孩子不听话的愤恨和对下属的不满意才会动怒责骂。是因为希望对方能够符合自己的喜好，能够听自己的话，变成自己满意的样子。但直接这样说出来从道德角度来看又显得自己颜面上有些过不去。我想把你变成我喜欢的孩子的样子、我想把你改造成我理想中的丈夫、我想让婆婆（岳母）变得听我的话……这些话怎么听都有些不体面。所以人们不会这样说。

于是，大家换一种说法："我这样说都是为了你。""我绝对没有恶意地想要控制你，我也是没有办法了，再这样下去你的人生就完了！"这些都是假话。其实你就是想让对方变成你想要的样子。如果我们能够虚心地反省一下自己，就能够明白这一点，就能够知道自己有多么地自欺欺人了。

人们无法意识到自己行为的目的

其实，人们并不清楚自己行为的真正理由。

只有在学习过阿德勒心理学或弗洛伊德心理学等深层心理学、无意识心理学后才能够明白这些。当我们还没有学习研究过"无意识"时，无意识的事情我们不去考虑也没关系，表面上的道理说得通就行。

比如"我这样做都是为了你好"，大家这样说着，也都这样相信着。人类一直都是这样一边欺骗自己一边欺骗他人地生存了下来。直到百余年前深层心理学的出现，才使人们知道了有些话就算从意识上来看、从表面上来看，乍一听都好像是很道德的，但只要无意识的动机是恶劣的，这就是不好的。

我们必须对自己的无意识负责。无论是在处理亲子关系、夫妻关系，还是在处理职场人际关系、学校师生关系时，我们的原动力总是无意识的。我们不知道自己行为的真正理由，这是如今心理学上最基本的一个观点。

所以，哪怕被问到了"你为什么这么做呀？"人们也往往答不上来。问不愿上学的孩子："你为什么不去上学呀？"他也不知道。因为不去上学的理由是无意识的，孩子自己也没有意识到。

问总是不回家的丈夫："你为什么不早些回来呀？"或许他会说应酬呀、加班呀之类的，但其实这都是假的。与其说是假的，倒不如说是错的。因为事实是有无意识的理由，只不过本人还没有意识到。所以问他，他可能也不知道。

那么，如何才能知道真正的目的呢？不要听他怎么说的，而要观察他怎么做的。经常不回家的丈夫，其实就是不想回家。对他来说，家不是一个能让他待得舒服的地方。那么是谁让他觉得呆得不舒服呢？往往是妻子。具体说是怎样让他感到不舒服呢？比如当他回家时，妻子说："怎么又回来这么晚？怎么每天都回来这么晚？"如此恶性循环。

😊 观察行为可以看出"无意识"

所谓无意识，不要听对方说了什么，而要看对方做了什么。如此一来，就很容易看懂表面背后的无意识。而且要把对方的所作所为当作一连串的流程来看。

妻子其实也不想丈夫早些回家，因为麻烦。丈夫也不想早些回家。但夫妻双方若是达成了共识，情况又会很不妙。于是，为了将自己正当化，夫妻二人上演了"吵架"的戏码。稍微吵一吵，双方都能将自己正当化。妻子想着"这个男人什么都不懂"，丈夫想着

"真拿这个女人没办法"，于是妻子总是持续营造出一种丈夫不爱回家的氛围，丈夫也干脆不回家。

像这样，人们以为的和实际发生的往往不一样。对于隐藏在无意识里的不好的事情，只有本人不知道。在外人看来，他怎么想的，有什么目的和意图，其实一目了然，被欺骗的通常只有自己。

再比如，对孩子或下属发火，说："这还不是为了你好！"认为在这种情况下发火是理所应当，并不是自己不对，自己也是在为对方考虑。其实这样认为的只有他自己。在周围的人看来，他就是一个相当有支配欲的人。❶

---

❶ 打着"我这是为你好"的幌子殴打孩子的例子不胜枚举。不管怎么说，殴打是暴力行为，被殴打就会疼痛。而且除了疼痛，在暴力下成长的孩子往往也学会了使用暴力解决问题的手段。当这样的孩子长大以后，又会对他的下一代说着"我这是为你好"，然后殴打孩子。不仅如此，如果他成了一个了不起的人，甚至有可能打着"为了正义"的幌子和他国发生战争。教育中的暴力孕育出了社会中的暴力，这些正是发动战争等政治暴力的元凶。

情绪是达成目的的工具

任何情绪，无论好坏，并不存在于人的内心之中。阿德勒心理学不太思考人心中的东西。那么情绪存在于何处？答案是存在于你我之间。所谓情绪，是为了向外释放而产生的一种东西，是为了达成目的而使用的一种工具。它并不是一直积攒于我们心中，而是对外使用的。

有些人嘴上说着"我这个人从来不生气的"。看看他的表情就知道他到底有多生气了。不管嘴上说着多么温柔的话，眼睛、嘴巴、鼻子全都在生气，但是他本人意识不到。生气的情绪，不管怎么压抑，总会从身体上表现出来。因为情绪是对外使用的，别人一眼就能看出来，情绪是一定会传达给他人的。

所以说情绪并不存在于我们内心，而存在于自己和他人之间。哪怕是自己一个人生闷气，归根结底还是生了他人的气。下次遇到这个人时，还是会带着怒气和这个人做个了结。有时候自己一个人越想越气，然后会觉得"不行，这事儿我还是得跟他说个清楚"。

如上述所言，情绪并不是我们行为的原因，而是我们为了达成目的而使用的手段。所以如果我们能清楚地意识到目的，那么行为也就很好理解了。

接下来以生气的情绪为例进行说明，因为这是最令我们困扰的情绪。人们最爱使用的，有时候尽管知道这样不行，但还是忍不住爆发出来，之后又会感到后悔的情绪就是生气。

生气这一情绪的目的，是为了强化自己在上、对方在下的纵向关系，是为了让对方听自己的话，是认为自己比对方更正确，是为了建立一种不对等的关系，是为了通过争吵战胜对方。我们的怒气，只不过是为了让对方听自己的话。当我是支配者，你是被支配者，或者我认为我正确、你错误的时候，我们就会生气。

☺ 生气的根源是"我是对的"

大部分人的生气都与"谁是谁非"的思考方式有关。阿德勒心理学非常不喜欢"什么是对、什么是错"这种思考方式，而更偏好"什么更有利于生存、有利于获得幸福""什么不利于生存、不利于获得幸福"这种思考方式。比如做一件事情时去想"这样做会不会不利于大家友好交往？""这样做是不是会对社会造成不良的影响？"。

如果去评判一件事物的对错就容易导致争吵。就如同自由主义有自由主义的道理，民族主义也有民族主义的道理，基督教有基督教的教义，伊斯兰教有伊斯兰教的教义，我们无法说谁对殊照顾也不足为奇。但如果现在再有人说男性地位高、女性地位低，则立马会受到围攻。大人与孩子的关系同理，现在的孩子已经不认同大人地位在上、孩子地位在下这一观点了。

哪怕是刚出生的孩子，也与我们是平等的。如果我们总是认为我们在上、孩子在下，就会引发他们的叛逆与反抗。无论男女，也无论大人小孩，生而为人即为平等。❶

在人类发展的历史长河中，最后往往都是长期地位在下的一方翻身取得胜利。如果大人和孩子站在了对立面，那结果同样必定是大人输，这是历史的必然。因为孩子会不断抗争，直到大人承认孩子与自己的地位完全平等。孩子精力充沛可以持续抗争，而大人却因为精力不足难以坚持，最后以失败告终。

---

❶ 现在的孩子已经不接受大人的独裁了。他们亲身感受到现代民主主义的氛围，并希望大人们能把他们当作一个负责任、有价值，并且能够自主做出决定的人。——鲁道夫·德雷克斯

从纵向人际关系到横向人际关系

如果能够学会时刻与人保持横向关系，那么就不必再利用生气或其他不合理情绪作为自己与人相处的手段了。

相反，如果在亲子关系、夫妻关系等人际关系中，经常容易出现生气、焦虑、忧郁等情绪，则说明自己正在尝试构筑与他人的纵向关系。希望各位读者能首先审视一下自己，是否总想站在他人之上？是否总以构建纵向关系为人际交往的目标？约百分之九十九的人都会这样。

美化这种行为的漂亮借口有很多，但最终结果证明，你所做的就是为了确保自己地位高于对方。嘴上说着是为了孩子好，其实也不过就是一个借口。

我们不能去相信自己的说辞，因为那不过是为了让自己的行为正当化的一个阴谋。在处理人际关系时，我们要从结果去分析自己的目的到底是什么。

大家在处理自己与孩子、丈夫、公公婆婆、公司同事的人际关系时，是否觉得最理想的关系，即自己当"王"，他人皆对自己言听计从？只要还抱有这种想法，那你在人际关系的处理上一定不会顺利。

源不断地冒出来。无论你怎样压抑，它都会出来，然后逐渐影响你的身体健康。俗话说生气伤肝，怒火攻心，爱生气的人容易胃溃疡、容易心脏不好便是如此。

横向人际关系的特征

尊敬对方

在横向人际关系中，各个成员首先是相互尊敬的。

所谓尊敬，即与对方的状态、行为等无关，无条件地尊敬对方。换言之，即无论对方是刚出生的婴儿、患有认知障碍的老年人，还是精神病患者，亦或是有着不同国籍、不同宗教信仰、不同想法的人，只要同为人类，就将对方当作平等的同伴，当作共同生活的集体成员去尊敬他。

与此相对，在传统观念中，似乎更强调尊重，而尊敬只用在对待长辈或地位比自己高的人。对待地位比自己低的人，人们往往会说尊重，我认为这种想法并不好。

当然，对待地位比自己高的人，比如公司上级，我们需要尊敬。但对待地位比自己低、年纪比自己小的人时，我们同样需要尊敬。

说到尊重，其实我们首先是在评价对方的地位、能力以及善意。然后因为我比你优秀，你不如我，所以我可以选择尊重你。如果对方更优秀，自己不如对方，此时则会尊敬对方。所以尊重是在价值评判的基础之上，自己所决定的态度。对方地位高，于是尊敬；对方地位低又正好符合自己的心意，于是尊重。如此一来，当对方做错事，或者变得不如从前时，就会不再尊重对方。

这样的方式是无法维持良好人际关系的。无论对方什么样子都要彼此相互尊敬，这一点很重要。这里虽说是"相互"，但其实都要"从我先做起"。无论对方怎样对待自己，都努力做到尊敬对方，那么对方也一定会回报以尊敬，这样一来便形成了相互尊敬的关系。

所谓尊敬，是不能强人所难的。我们不能强迫别人尊敬自己。当我们在强迫别人尊敬自己时，其实就没有在尊敬对方。我们要从尊敬对方开始。❶

---

❶ 只有爱才能播种出爱，只有信任才能播种出信任，所以当你想要影响他人时，就必须成为一个能够给予他人勇气的人。——马克思

信赖对方

横向人际关系的第二个特征是相互信赖，前文中讲到过关于"信用"与"信赖"的区别。

所谓信赖，首先是从自己信赖对方开始，来构筑相互信赖的关系。强行要求对方信赖自己，是无法构筑这种关系的。

信赖是从根本上信任对方，无论对方做出什么行为，都相信对方是出于善意。同时，相信对方基本上有解决问题的能力。

比如，有的家庭婆媳关系不好。媳妇总是抱怨"婆婆故意欺负自己"。但我想，这个婆婆并不是带着恶意，为了让媳妇难堪、让媳妇绝望而故意采取的某种行动。婆婆是出于她的善意，为了让媳妇和自己的儿子能够相处得更好而提出了一些建议，只不过可能是方法不太得当。因为她不知道什么方法好，才不小心用了错误的方式，做出了一些行为。而这些行为或许打击了媳妇，让媳妇感到痛苦和绝望。但我们应该相信婆婆的根本意图是善良的。

阿德勒心理学认为，人类最根本的意图是善良的。因为人类最根本的意图是寻求归属，基于寻求归属感，以融入共同体为目标。如果问这个目标是善还是恶，那一定是善的。只不过可能在寻求归属时，手段有些不当，比如报复、权力斗争等。但其终极目的应该是善的。我们必须看清这一点。

如果我们能够看到婆婆也是为了成为家庭共同体的一员，希望这个家里能有自己的位置而给出各种意见，我们就能找到信赖对方的方法。对于好的建议，媳妇也就能虚心接受而不是全盘否定了。

这层意义上的信赖，可以说是相互信赖的基本条件。

☺ 重申"信赖"与"信用"的差异

传统观念中，信用的内核并不是无条件的信赖。

比如，有些问题少年的母亲会说："我那么信赖你，结果你就这么辜负我。"其实信赖本身并不能被辜负。所谓信赖，就是只要人活着，就应该持续信赖。并不会因为这个人的行为好坏，而决定是否去信赖。根据对方的表现，时而相信时而不相信，当你表现好时，我可以相信你，当你表现不好时，我便不再相信你。这种相信并不能称之为信赖。

能够相互协作

横向人际关系的第三大特点是协作。要想建立良好的横向人际关系，必须停止竞争，转而相互协作。

人应该自立自强，不能依赖他人，靠他人的力量活下去。我们必须自食其力，并对自己的行为负责。但仅凭自己的力量并不能解决所有问题。没有任何一个人能只靠自己活下去。我们常常需要与他人协作，有了他人的协助，一起去解决共同的难题，才能在人生这场战役中存活下来。

这里要明确一下依赖与协作的区别。所谓协作，是以自立为前提，即不依赖他人，有独自解决问题的姿态为前提来谈的。所谓良好的人际关系，是以成熟、健全的人格为前提的。前面我们讲到了各种各样的条件，满足这些条件才能真正实现良好的人际关系。而伴随着良好人际关系的实现，又能够促进健全人格的形成。二者是这样一种相辅相成的关系。带有依赖性的、不成熟的、幼稚的人格以及生活风格，不可能懂得协作。

因为协作的前提是自立，所以当别人没有拜托我们时，我们不要插手别人的人生，更不要干涉别人的行为，这是协作的前提之一。当别人拜托我们时，我们可以提供相应的协助。别人明明没拜托我们，我们却积极地帮忙、管闲事，这不叫协助而是过度保护或过度干涉。

不管他人是否正在寻求帮助，我们都根据自己的判断，认为有必要帮助对方，插手对方人生，这并不是为了构筑协作性的人际关系，这其实是为了满足自我优越感而做出的不恰当且错误的行为。

与他人共情

　　人们经常把同情与共情混为一谈。有的人十分重视理解对方的心情，在传统观念中这叫作同情。

　　但所谓同情，其实是以自己地位高于对方，且自己处于安全范围内时为前提的。这其中既隐含着纵向关系，也隐含着一个人的优越心理。给予一个人同情，其动机其实是为了确认自己的优越感，所以这称不上是形成良好人际关系的条件。

理性解决问题

　　阿德勒心理学十分重视人际交往中的理性与交流，主张不要情绪化。如果事态需要调整，尽可能地通过不断对话、交流来达成意见的一致。

　　日本人认为理性即冷淡，并不太看好理性的人际交往方式。那么，双方都情绪化地交往难道就是温暖人心的交往方式？冲动地争吵、贬低对方难道就能促成相互理解？

　　"不打不相识"只会出现在小说和电视剧中，现实生活里，争吵、仇视只会使双方关系进一步恶化。想要通过情绪化的交流促成相互理解，达成共识，构建协作性人际关系，我认为是不可能的。

　　阿德勒心理学认为，在人的一生中，我们遭遇的所有问题都不需要借助情绪，就能够得到解决。借助情绪与人交流、借助情绪解决问题，是不成熟的、幼稚的解决问题的方式。因此，我们需要冷静、充分地交流，直到达成共识。

　　在日本，这种理性受到了不少人的反对。日本人十分重视所谓的"善解人意"，人要懂得察言观色，即使对方不说，我们也要知道对方在想什么，然后迅速行动。彼此要有默契，要有心灵感应，这其实是不对的。

随着国际化的不断加深，我们的下一代可能会更多地走向世界。我们甚至都无法预测自己的孩子今后会生活在哪个国家。在这种状况下，如果还在坚持日本传统的"腹语❶""心意相通"等想法，或许会使生活陷入窘境。

我们的传统文化中，有一部分一度被认为是好的。但也不能因此全盘肯定，必须带着批判性的眼光再次审视。好的文化当然应该保留下来，过时的文化也应当勇敢舍弃。我们的思想必须时刻更新。

☺ 传统的育儿方式为什么如今行不通了？

当我谈到基于阿德勒心理学的新的人生设计方式、新的育儿方式、新的教育方式时，有人会问："日本传统的育儿方式、传统的教育方法难道不好吗？"

爱尔兰裔日本作家小泉八云曾描写过这样一个日本故事。

一名男子入室抢劫，在杀害了一家之主的丈夫后劫取了钱财并逃离。四年后，这名男子被逮捕。警察带着这名男子来到当时被抢劫的家中，希望被害人的太太对其进行指认。四年前案发时，这位太太正在怀孕，现在孩子已经三岁了。警察问道："想请您确

---

❶ 这里指有想法但不说出来，希望他人能够通过自己微妙的行为察觉自己的想法。

认一下，当时杀害您丈夫的是这个男人吗？"太太说道："我不知道。当时房间里特别暗，我又很害怕，完全没记住对方长什么样。"突然，这名男子看着三岁的孩子痛哭了起来，并向这位太太道歉："是我的错，让孩子失去了爸爸。"

小泉八云讲述了这样一个悲剧后面却带着些许美好的故事。他的故事说明了在日本，人们对别人家的孩子都怀着深重的爱意，哪怕是杀人犯，也对他人的孩子带着爱意。

这个故事发生在日本的明治时代，放到今天我们又该如何看待？这里我想讲的是日本的传统教育曾经确实非常的好。但那是站在当时日本传统的社会结构下来看的。

所谓日本传统的社会结构，即以农业生产为主的社会结构，在这样的社会结构中，孩子会继承父母的家业，孩子结交的基本上也都是父母结交的那些人及其子女。在这样的社会结构中，日本传统的教育方式是很好的。

但在当今社会，人口流动频繁，信息化与组织化程度加剧，信息资源与人才资源等都在更广的范围内流动。此时，传统教育方式已经不足以应对这种形势的变化。我们必须改进我们的教育方式，使我们的孩子无论去到世界的哪个角落，从事什么样的工作，都能够很好地生存下去。

阿德勒心理学正是站在一个这样的角度提出方案。因此，这里并不是要否定日本传统的人际关系处理方式和育儿方式。只是随着时代和社会结构的变化，我们需要剔除传统方式中不必要的部分，改善不合理的部分，更迭出一个崭新的、更符合社会现状的处理人际关系的方式及育儿方式。

这其中最关键的一点就是通过理性对话、充分交流来达成意见的一致。

关于表达性

上文讲到需要理性对话、充分交流，这说明我们有必要向对方正确表明自己的观点，不能够永远保持沉默，不要指望自己一个眼神，一个小动作，对方就能明白自己在想什么。这一招并不管用。因此，我们必须学会表达。但并不需要利用各种情绪作为交流的武器。我们只需要冷静地、理性地说出自己想说的话就好。

阿德勒心理学认为，我们应当在尽可能不伤害对方感情、不给对方造成恶劣影响的前提下去陈述自己的意见和观点，双方都应如此。

关于平等

关于平等，前文也有阐述，这里再稍作补充。

平等其实很容易被误解。比如我们主张男女平等，我也认为男女必须平等。但这并不意味着男女要穿完全相同的衣服、从事完全相同的职业，更不意味着男女的谈吐和行为都要一模一样。男性有男性适合的职业，女性有女性适合的职业；男性有男性喜好的服装，女性有女性喜好的服装。我们必须充分尊重男女不同的个性，并发挥他们各自的长处。我们要在这个基础之上谈平等。

无论男女、无论大人小孩、无论老师学生、无论父母子女都必须做到完全相同，这不是平等，我认为这只能叫作无差别对待。

而无差别对待其实是非常不平等的。阿德勒心理学提出过这样一个质疑，在思考学校教育时，为什么所有的孩子都必须在同样的年纪，以同样的方式，学同样的东西呢？

比如将年满六岁的孩子们送到同一个学校，老师用同样的方式教给他们同样的知识。尽管孩子们年纪都是六岁，但每个孩子的个体发育程度都不同，每个孩子的个性也不同。符合每个孩子不同个性和不同发育程度的因材施教难道不是十分必要吗？哪怕是学校实施的集体教育，下点功夫其实是可以做到因材施教的。只有做到了这一点才能真正算得上教育的平等。

我们必须在每一个孩子最适合的时期，以最适合的方式，将最适合他们的知识教给他们。这才是实现了教育的平等。

一些人将平等同无差别对待混为一谈，其结果就是使这个社会陷入了一种恶劣平等或者说极不平等的状态。真正意义上的平等，即承认每个人的个性，然后每个人都对自己的行为负责，在不给他人添麻烦的情况下给予每一个人最大程度的自由，这种平等才是构筑良好人际关系的重要条件。

我希望大家可以包容每一个人的喜好与个性，去承认每一个人作为人的价值。这种价值无关智力，无论是天才少年，还是智障儿童，他们作为人的价值并无高低之分。

关于宽容

宽容也是构筑良好的横向人际关系时十分重要的一个因素，并且常常容易被人忽视。良好人际关系的背后，往往伴随着对是非善恶的判断。

阿德勒心理学认为无论正义，还是所谓的善，其实都是相对的。根据时代的不同、民族的不同，每个人对是非善恶都有着各自不同的评判标准。认定自己是绝对的正义、绝对的善往往会使自己过得不幸。

比如近代以后，几乎所有战争都是被打着正义名号而发动的。第二次世界大战时，轴心国有轴心国的正义，同盟国有同盟国的正义，他们都为了自己的正义而战斗，甚至不惜残害生命。

我认为持有自己的是非观、善恶观本身是好的。但我们不要认为自己的是非观、善恶观就是绝对正确的。当他人持有与自己不同的观念时，不要攻击，更不要迫害，自以为是和不宽容只会让良好的人际关系远离自己。

所谓良好的人际关系

阿德勒心理学的观点	过往传统观点
尊敬 无条件地尊敬对方，常以礼相待，无论对方是怎样的状态，做了什么行为	尊重 首先评价对方的地位、能力等，优于自己则尊重对方，逊于自己则轻视敷衍
信赖 从根本上信任对方，总是尝试发现对方行为背后的善意。认为对方有相应能力	信用 基本不信任对方。总是根据对方的行为来判断此人是否值得信任。怀疑对方的能力
协助 基本原则是对方不开口，自己不插手。如果对方拜托自己，则提供尽可能的帮助	保护·干涉 不管对方有没有拜托自己，总是根据自己的判断，插手对方的人生
共情 将对方作为平等的人，对他的状态、思考方式、意图、兴趣等抱有关心	同情 在认为自己地位高于对方的基础之上，对对方的情感产生连带的情感反应
交流沟通 如果有必要调整，会冷静、理性地交流沟通，努力达成一致意见	相互体谅 比起语言沟通，更重视彼此内心的体谅，即使不说也希望对方能体察自己的想法

阿德勒心理学的观点	过往传统观点
平等 　　承认每个人的个性，只要能够对自己的行为负责，不给他人增添麻烦，就应该给予一个人最大限度的自由	无差别 　　认为必须全员一致，无视个人的差异和喜好，强制每个人做出相同行为
宽容 　　懂得自己的价值观并非绝对正确，不以自己的价值观评判别人，且承认他人有选择其他价值观的自由	自以为是 　　认为自己的善恶评判标准绝对正确，并以此评价他人，且强制他人与自己持有相同标准
表达性 　　不情绪化，能够冷静地表达自己该表达的主张，且不伤害他人的感情	攻击性或非表达性 　　不惜伤害对方感情使其答应自己的要求，或为了不伤害对方感情而隐藏自己的需求

争取权利与承担义务的方法

我希望每一个人都能最大限度地享有自己的权利。生存的权利、归属于某个集体的权利、穿自己喜欢的衣服的权利、剪自己喜欢的发型的权利，甚至窝在家不出门、整天躺在被窝里睡觉的权利，我希望大家所有的权利都能得到保障。同时，也希望大家能够认真思考自己生而为人的义务。

当我们争取一项权利时，必将伴随着一些义务。具体有哪些义务呢？

第一点，有义务承认对方拥有与自己相同的权利。我有大声说话的权利，但你不能开口说话，这就是不平等的人际关系。反之同理，我有权沉默，但你必须开口说，这也不行。我们有义务承认，自己享有的权利，他人也可以享有。

第二点，有义务接受任何由于自己表达权利而导致的结果。当我们说的某些话伤害了他人时，哪怕不是出于本意，我们也要承认伤害了他人是事实，我们应当承担责任。此时我们应该道歉说："我并不是有意要伤害你，但如果我的某些话真的伤害到了你，我表示歉意并且今后会注意的。"而不能将责任甩给对方，说："我又不是故意的，你有什么好生气的。"

第三点，有义务在表达任何权利时，不对共同体造成伤害。具体来说，即要注意不伤害他人。我认为我们没有破坏共同体、伤害他人的权利，就好比我们没有杀人的权利，没有剥夺他人物品的权利。

从小事上来说，即我们没有权利为了故意伤害对方，就讲一些难听的话。反之，我们有义务不去这样做。

失败时承担责任的方法

关于责任，这一小节主要讲一讲如何承担失败的责任。

日本人过去有种行为叫"切腹"。犯了错切腹自尽就算承担责任了？其实不然。

有一次，一位上小学二年级的小女孩来找我做咨询。这个年纪的孩子，如果是她本人想找我咨询，我是接受的。如果是被父母强行带过来的，我是不接受咨询的。这个小女孩因为在学校被欺负了，来问我应该怎么办。

她看起来有些不懂礼仪，一进咨询室就躺着，一边喝牛奶一边找我咨询。但我对此毫不介意。为什么？因为我知道她这么小，并不是故意不尊敬我，她此刻的所作所为并不是因为看不起我或是想伤害我。只不过是她的父母没有告诉过她在这种场合应该怎么做。这次咨询的主题也并不是告诉她如何讲礼仪，所以我没有打算对此进行干预。

我要干预的是她正在寻求帮助的问题——在学校怎样做才能不被欺负。

这个过程当中，我教会了她承担责任的方法。

① 恢复原状

这个小女孩突然打翻了牛奶盒,牛奶洒了一地。因为我的咨询通常是公开的,所以在场还有一些人围在一旁看着。一些妈妈们看到孩子弄洒了牛奶,赶忙就跑去拿了纸巾过来。

我拦住她们说:"不要着急。这是个好机会。她现在闯了祸,正好让她学一学如何承担责任。"我想我有教育她的权利。首先,因为这是在我的办公室。其次,由于她的这个行为,受到损失或者说被添麻烦的是我。于是我对她说:"这一块你可以自己收拾吗?"她回答:"好。"然后拿来纸巾将洒出的牛奶擦拭干净。

这就是失败后承担责任的第一点:恢复原状。

当我们闯了祸时,我们要尽可能地将事态恢复到闯祸前的样子。或许不能完全复原,但也要尝试尽可能地去复原。

② 防止再次发生

第二点则是"防止失误的再次发生"。不要一而再再而三地犯同样的错误。人都会犯错,第一次犯错情有可原,但总是不停地犯相同的错误,只能说是不负责任的表现。

于是我接着问她:"接下来你可能还会弄洒,所以应该怎么办呢?"

她站起来,去拿了一个小盆,将牛奶盒放在盆子里。这样下次在打翻牛奶盒,牛奶也只会洒在盆子里了。我认为这是一个很好的点子，并对她说："谢谢你呀。"

如此一来，她便懂得了失败时承担责任的第二点"防止再次发生"。

③道歉

第三点责任则是"道歉"。诚恳地向因为自己的过错而受到伤害的人道歉，抚慰他们的情绪。这个小女孩的事情并没有真正伤害到我，所以没有必要"道歉"。

当她在我的办公室打翻牛奶后，我并不希望她说"对不起"。我只希望她能从这件事情中有所收获，能够承担起自己的责任。因此，她收拾了自己弄脏的地方，也思考了如何不再重蹈覆辙，这就足够了。

这个时候，我是以冷静、理性的方式与她交谈，绝不是自上而下的命令、指示，也绝没有责怪她。为什么这样做？因为我想和她保持良好的人际关系。

基于共同体感觉的良好人际关系

所谓良好的人际关系，归根结底用一句话来说，就是基于共同体感觉的人际关系。同时，良好的人际关系也能进一步养成人的共同体感觉。

共同体感觉与健康的人格、健康的生活风格以及良好的人际关系都有着密切的关系。

共同体感觉绝不是教人应该这样、应该那样，比如"你要负责，你要帮我，你要宽容"或者"你不能狭隘，你不能不负责任"等诸如此类的说教。它与道德还有些不同，它是在实际的生活体验中去习得的一种"感觉"。

如果想让我们的下一代成长为具有共同体感觉且人格健全的人，我们大人就需要和他们真正构建起一种平等协作、独立自主、各自承担责任的良好人际关系，并和他们一同在这种关系中体验。

Q&A

——很明白横向关系的重要性，但在职场的上下级关系上总感觉很难实现。

日本军队里有一位阿德勒心理学爱好者也曾问过我类似问题，我是这样回答的。像军队这样的组织，与其说上下级关系，不如说是一个指挥——命令传达的系统，一旦这个系统崩坏，大家就都可能战死沙场。因此，谁是指挥者，谁是部下，必须严格区分。指挥系统与命令系统必须时时刻刻保持缜密。

军队以外的其他组织、普通公司等也同样如此，必须有着健全的指挥命令系统。但这并不意味着大家作为人的价值有什么不同。上级给下级指示，下级完成上级的指示，这只是分工的不同罢了。上级拥有更大的权限，同时也承担着更大的责任。下级权限虽然不大，但责任也相应地少了许多。从这种意义上来说，他们是平等的。上下级各自承担了不同的分工，但绝不能因为分工的不同去决定一个人价值的高低。阿德勒心理学认为不同的分工是有必要且平等的。

尽管企业里有职级的高低，但同样作为人，上司也好部下也好都是完全平等的。部下尊敬上司，上司也必须尊敬部下。然后相互协作，共同维护企业这个组织、这个利益共同体。

——实际步入社会后会发现，很多地方、很多人都是带着竞争意识的。不让孩子从小习惯这种竞争意识真的没有关系吗？

很多人都这样想。但其实我们漏掉了很重要的一点。那就是比起竞争的人际关系，合作的人际关系是不是一种更成熟、更进步的人际关系呢？

进一步说，懂得合作的人，当他不得不与人竞争时他是能够竞争的。但反之，总是充斥着竞争意识的人，往往没能具备与人合作的能力。

我常说"人生就是一场游戏"。这其中是可以包含竞争的。可以把竞争当作一场游戏。就好比象棋、围棋是游戏，人生或许也是一场游戏。

那么想要享受人生这场游戏，有三大诀窍。

第一点，遵守规则。无论是象棋、围棋还是棒球、网球，但凡有一方不遵守规则，两方都会觉得无趣。因此，遵守规则很重要。

第二点，认真玩游戏。心不在焉地玩游戏是体会不到任何乐趣的。自己觉得无聊，也会让对方觉得无聊。人生这场游戏亦是如此，你越用心它就越有趣，你越敷衍生活对你也就越敷衍。

第三点，不要太较真。这里说的不要较真，是说不要过分在意结果的成败，更不要为此变得冲动。有人会因为下象棋输了就上吊自杀吗？人生也同样如此，高考没考好、求职失败、创业后公司破产，这些都不值得我们寻死觅活。

基于竞争意识而行动的人，往往难以接受失败。但基于合作意识而行动的人，在不得不竞争时，把竞争当作一场游戏，自然对结果成败也就不在意了。胜也有趣，败也有趣，认真投入游戏本身就很有趣。

因此，在实际步入社会时，从小被教育要有合作意识的孩子更坚强，更有生命力，也更懂生活。

野田先生与我

岸见一郎（哲学家）

我曾在 NIFTY-Serve（计算机通信服务）做过外国语论坛的系统运营。有一次，一本杂志刊登了我负责的活动，野田先生看到后就加入了我们的论坛。这是我和野田先生的初次相遇。距今，已经过去三十多年了。

说是相遇，但那时我们并没有真的见面。野田先生以为我六十多岁了，我也不知道野田先生是精神科医生，并且是将阿德勒心理学带到日本的第一人，实际见面是在好几年之后。

我向野田先生请教阿德勒心理学的相关问题，是在我的孩子出生后，我与育儿问题苦苦斗争的时候，先生推荐了我一本名为 The Education of Children 的书。这本书并不是大家从书名里看到的那样，它不仅讲孩子的教育，更是全面论述了阿德勒心理学。

在那之后，我又继续阅读了许多阿德勒的相关著作，以及这次被更新再版的先生的旧作《阿德勒心理学研讨会》。在我的反复阅读中，我惊叹到原来从阿德勒心理学的视角出发，能够对自己、对这个世界有如此崭新的理解。

虽然我的专业是哲学，但先生的一句"成为能够参加小区大妈会议的哲学家"给了我很大的影响。听到这句话时，我就下定了决心。借用阿德勒对他成为精神科医生的儿子库尔特说过的一句话，我也要成为一个"与整天坐在椅子上只知道追求理论的知识分子完全相反的哲学家"。

"能够参加小区大妈的会议"，就不能使用只有专家才能听懂的术语。我在精神科医院给人做咨询时，有时语言太艰涩，咨询者都无法理解。野田先生的建议给了我很大的启发。

有一次我听完一个教授关于柏拉图哲学的讲座，刚打算回家时，我觉得眼前的阶梯我似乎都看不见了。因为这堂讲座讲了我们肉眼能看到的、手能触碰到的实际都不存在。不仅如此，万物皆流转，这个世界本就不存在实物。

我想说，学习哲学不是学习哲学家们讲述的思想，而是学习了解这个世界是怎样的，我们应该怎样活在这个世界里。根据你接触到的不同哲学，你的人生活法也一定不同。这些话我也曾激动地讲给野田先生听。

先生听过后说，其实心理学也同样如此令人苦恼。哲学也好，心理学也好，如果都单单只是将其作为知识来学，没有任何意义。

关于认识自我和认识世界，一个人心中不可能同时存在好几种不相容的观点，所以所谓诸说混合主义（折中主义）也是行不通的。

为什么说学习哲学和阿德勒心理学与我们的生活息息相关呢？

柏拉图对话篇中有位出场人物说，当一个人和苏格拉底对话时总是出现下面的情形。

"我想你可能不知道，当一个人接近苏格拉底要和他对话时，最开始不管讲什么别的东西，最后都会被苏格拉底的话引到这个人自己身上。苏格拉底会让他说你现在过着怎样的生活？在此之前你是怎么对待你的人生的？直到这个人开始体味自己的人生，苏格拉底才肯放他走。"

与苏格拉底对话，其实就是通过苏格拉底体味自己的生活方式。

"不去体味人生，就没有活着的价值。"

学习哲学也好，学习阿德勒心理学也好，其实就是体味人生。体味人生有时伴随着痛苦。这就是与苏格拉底对话的人想要表达的。

"哲学的语言，会比被毒蛇咬到更让我们感到痛，而且它咬在了我们最痛的地方——灵魂。"

野田先生也像苏格拉底一样没有放弃我。他看到了我身上还有许许多多的缺点。我铭记着前辈们的教导，活在当下。

再次翻开先生的书，我好像又找回了刚开始学阿德勒心理学时的初心。